C000132496

1,000,000 Books

are available to read at

www.ForgottenBooks.com

Read online
Download PDF
Purchase in print

ISBN 978-0-266-65221-2
PIBN 10999388

1 MONTH OF
FREE
READING

at

www.ForgottenBooks.com

By purchasing this book you are eligible for one month membership to ForgottenBooks.com, giving you unlimited access to our entire collection of over 1,000,000 titles via our web site and mobile apps.

To claim your free month visit:

www.forgottenbooks.com/free999388

English
Français
Deutsche
Italiano
Español
Português

www.forgottenbooks.com

Mythology Photography **Fiction**
Fishing Christianity **Art** Cooking
Essays Buddhism Freemasonry
Medicine **Biology** Music **Ancient
Egypt** Evolution Carpentry Physics
Dance Geology **Mathematics** Fitness
Shakespeare **Folklore** Yoga Marketing
Confidence Immortality Biographies
Poetry **Psychology** Witchcraft
Electronics Chemistry History **Law**
Accounting **Philosophy** Anthropology
Alchemy Drama Quantum Mechanics
Atheism Sexual Health **Ancient History**
Entrepreneurship Languages Sport
Paleontology Needlework Islam
Metaphysics Investment Archaeology
Parenting Statistics Criminology
Motivational

Kein Hüsung.

Von

Fritz Reuter.

Greifswald und Leipzig.
C. A Koch's Verlagshandlung, Th. Kunike.
1858.

Dei Noth.

Dei Rogg fet't an, dei Weiten bläuht,
Jehannsdag is't, dei Sünn, dei gläuht,
Kein Regen fällt, dei Wind, dei fchwiggt,
Doa rögt fich nich en Blatt an 'n Boom,
Un up den Duurn an 'n Weg, doa liggt
Von 'n Heuauft her en dichten Stohm[1]).
Piel[2]) fteckt herun dei Sünnenftrahl
Und bülgt[3]) fich äwe dei Felder wiet
Un flimmert und flackert up un dal,
As wenn det Glauth ut den Aben[4]) tüht[5]).
Dei Käwe fingt fien drömig[6]) Lieb,
Un mäud un fachting[7]) fummt dei Imm[8])
Un wäuhlt in Kleeweblaumen 'rüm;

---

1) Stohm = Staub.   2) piel = pfeilgrade.   3) bülgen =
wellen. 4) Aben = Ofen.   5) tüht = zieht. 6) drömig
= träumerifch. 7) fachting ift das Diminutiv von facht
= langfam, leife. Der plattdeutfche Dialect bildet auch von
Adverbien und Imperativen Diminutive. 8) Imm = Biene

1

Heuspringe singt so trag un matt,
Krüpt[1]) beipe[2]) in dat Gras herin;
Dei Bottevagel[3]) söcht dei Sünn
Un plät't[4]) sich up dat Kliebenblatt[5]);
Dei blaage Weepstart[6]) drögt tau Nest —
Hei is nah Faurehahlen[7]) west —
Un nickt un kickt sich ängstlich üm,
Ob Ein em ok gewohr woll ward,
Un schlüppt un krüppt un hüppt herüm
Un schwippt un wippt mit sienen Start[8])
Un böhrt.[9]) dat Köppken in dei Höcht,
Ob sich dei Mann viellicht ok rögt[10]),
Dei still boa achtr 'e Steinmuur liggt,
Den einen Arm up sien Gesicht,
As wenn Ein ruhig schlapen will.
Hei rögt sich nich, hei liggt so still,.
As wier hei dod, un Weepstart flüggt
Ganz driest heran,
Un kickt den Mann

---

1) krüpt von krupen = kriechen. 2) beipe = tiefer. 3) Bottevagel = Schmetterling. 4) plätten = glatt ausbreiten. 5) Klieben = Kletten. 6) Weepstart = Bachstelze. 7) Faure = Futter. 8) Start = Schwanz. 9) böhren = heben. 10) rögen = rühren.

Mit siene klauken Oogen an: —
Un schlüppt behen'n nah siene Lütten[1])
Un piept ehr liesing in bei Uhren,
Doa leeg en Mann bi 'n Wepelduurn[2]),
Sei sülln ok jo recht stilling sitten. — —
Un Allns is werre still, dat lett[3]),
As wier begraben all dat Leben;
Un 't is so bang, as wenn dei Heben[4])
In stille Hitt en Weere brött[5]);
Un ganz von fiern, doa is 't, as wenn
Dat süfzte äwer 't Feld doahen.
Dei Mann süfzt ok, sien Arm, dei glitt
Herunne von dat Angesicht,
Hei grippt tau, Sieb un fött[6]) un ritt,
Wat hei von Gras tau hollen krigt,
Un richt't sich mit en Ruck in En'n[7])
Un starrt ümher un solgt[8]) dei Hän'n
So kurlos[9]) äwer 't bruun Gesicht,

1) lütt = klein. 2) Weepelduurn = Rosendorn. 3) lett von laten = lassen, aussehn. 4) Heben = Himmel. 5) brött von brüden = brüten. 6) fött von faten = fassen. 7) in En'n, wörtlich = in's Ende d. h. in die Höhe. 8) folgen = falten. 9) kurlos, eigentlich: bei dem keine Kur an schlägt; hier = rathlos.

As wenn hei nich mihr seihen müggt,
Up Gras un Blaum un Kuurn un Feld;
Un was doch noch! so jung un stark
Un güng doch ierst 'rin in dei Welt,
Dei Knaken[1] vull von junges Mark,
Dei Schullern breit, dei Bost[2]; so hoch,
So maakt för Arbeit un Gefohr,
So frisch dei Back, so blaag dat Dog,
So roth dei Mund, so kruus dat Hohr,
Dei Stiern so hell, so keck dei Blick,
So maakt för Leiw un Lust un Glück:
Ach, äwerst in sien jitzig Wesen
Is nicks von Glück un Lust tau lesen;
Kickt äwe[3] Ein in 't bange Dog
Un süht, dat 't ut sien Angesicht
So tru un iehrlich 'rute lücht,
Un fäuhlt dat Hart, wo em dat schlog,
Denn markt hei woll, denn weit hei wiß[4],
Dat vähl von Leiw dei Red doa is.
Un kickt hei 'n Bäten[5] in dei Fiern
Un süht dei junge, witte Diern, —

1) Knaken = Knochen. 2) Bost = Brust. 3) äwe, auch äwerst
= aber. 4) wiß = fest, sicher, gewiß. 5) Bäten = Bißchen.

Dei langsam 'ranne wankt.¹) allein,
So blaß un truurig antaufeihn,
Denn weit hei of, wer 't dahn em hett,
Wer 't Hart em hast'ge schlagen lett;
Un süht hei sei so bleik un witt,
Wo s': sachting geiht den Weg entlang,
Denn weit hei, wat²) sien Dog so bang,
Worüm dat in sien Hart so ritt,
Un neege kümmt bei bleike Magd
Un kickt so truurig äwr 'e³) Muur;
Ehr Dog, dat süht so still verzagt,
So thranenmäud in bei Natur,
As wenn 't bei Welt vör Gott verklagt.
Un as sei ängstlich üm sich kickt,
Ob sei of Eine süht boa stahn,
Un as s' sich achter 'n Duurnbusch bückt,
Is 't grar so, as bei Vagel dahn,
Doch nich so munte in den Blick,
Un woll so schu, doch nich so quick.⁴)

---

1) wanken bedeutet im Plattdeutschen auch wandeln. 2) wat
  wird, wie hier, häufig für „worüm" gebraucht. 3) „e"
  steht als Abkürzung für den weiblichen Artikel und auch
  für „hei" = er, wenn es dem Verbum folgt, z. B.
  „weit'e" = weiß er. 4) quick = lebendig, lebhaft.

Sei schlickt sich liesing[1] dicht heran
Un steiht un süfzt: „Schlöpst Du, Jehann?"
Hei springt tau Höcht: „„Wat? — Schlapen? — Ick?
Marieken, schlapen? — Gott erbarm! —
Kumm, sett Die dal"". Un fött den Arm
Un treckt sei sacht: „„Kumm, sett Di dal.""
Un seggt dat sülw'ge[2] noch einmal,
Bet dat sei sitt an siene Sied,
Wo hei sei dichte an sich tüht.
Sei leggt den Kopp woll up dat Knei
Un weint so sachten vör sich hen,
Ehr is so krank, ehr is so weih,
Hei strakt[3] sei äwe denn un wenn:
„„Laat sin, min Kind, laat doch man sin!
Rath mal, wo hüt ik wesen bün,
Ik bün hüt morgen früh upstahn[4]
Un bün all nah dat Amt hengahn
Un hew dei Herrn bi 't Amt all[5] behren[6],
Dat s' mi doch Hüsung[7] geben dehren"",
„Wat sähren[8] s' denn?" — „„Sei sähren —

---

1) liesing = leise. 2) sülw'ge = selbige. 3) straaken = strei-
cheln. 4) upstahn = aufgestanden. 5) all = schon. 6) beh-
ren = gebeten. 7) Hüsung = Wohnung und demnächst
das Niederlassungs-Recht. 8) sähren = sagten.

Du weitst woll, wo dat denn so is —
Sei fähren 't ok nich för gewiß,
Sei hahr'n all so vähl Arbeitslühr;
Un wenn 't ut't Ritterschaftlich¹) wier,
Denn füll ik leiwerst doch tauseihn,
Ob 'k doa nich unnekamen künn,
In't Fürstlich dürft Kein 'rinne teihn',
Dei nich geburen wier doarin."
"Dat seggt mien Bahre ok, Jehann."
""Wo? — Hest Du mit em redt? Weit hei Bescheid
Mit Di?"" — "Oh, fohr mi nich so an!
Ach nee, Jehann, hei weit
Nicks von uns' Sün'n un von mien Schan'n.
Ik hew noch schwegen²) in mien Nöthen
Un war ok schwiegen. Nee, ick kann'n
Dat Metz³) nich in dat Hart 'rin stöten⁴)."
Hei drückt sei so vull Leiw an sich:
"" Mien leiwe Diern, oh schell mi nich!
Ick weit, ick bün en schlimmen Gast,
Mien grötstes Unglück is mien Hast.

_____

1) dat Ritterschaftlich un dat Fürstlich = der ritterschaftliche
   und fürstliche Landesantheil. 2) schwegen = geschwiegen.
   3) Metz = Messer. 4) stöten = stoßen.

Un hüt taumal; mi 's bös tau Mauth.
Kumm her un wes,mi werre gaut!
Du fast man: feihn, wi. wären friegen[1),
Un up den Harwst[2)] büst .Du mien Fruu."
„Ach wenn wi nu kein Hüfung friegen!
Jehann, kein Hüfung — keine. Truu[3)];
Uns gift kein Preiste nich taufamen,
Wenn Ein uns nich .in Hüfung nahmen."
„„Jh, wenn wi nährens[4)] unnefamen,
Denn treck[5)] wi in bei. Stadt herin."
„Dat fall man of nich mäglich fin."
„„Je, Jochen is doch rinne treckt"
„Jehann, von Jochen will wi fchwiegen,
Mit den'n würr bunn bei Schan'n taubeckt,
Dat würr' tauglick em uperlegt,
Den Rathsherrn fien oll Diern tau friegen.
Ach Gott, ick reb! — Ick hew fein Recht,
Dat Mäten noch. en Blaam[6)] tau maafen."
„„Jh, fchwieg doch still von fonne Saaken,
Hebb'n up en Harwst wi noch fein Dack,

---

1) friegen = freien. 2) Harwst = Herbst. 3) Truu = Trau-
ung. 4) nahrens = nirgends. 5) trecken = ziehen. 6)
Blaam = vom französischen blâme.

Denn treck wi furt mit Sack un Pack,
Denn treck wi bei Kramersdörpe nah,
Denn gah wi nah Amerika."
Sei faat't em üm un keek em an:
„Wo giern güng ick mit Di, Jehann!
Mit Di, so wiet dei Heben blaag¹)!
Du weitst, Jehann, ick bün nich zaag²);
Giern wull ick äwer 't Water teihn,
Doch mienen Bahre tau velaaten,
So olt un krank un so allein,
Dat wier von all dei schlichtsten Dathen,
Dei ick em anbauhn künn³), dei schlimmst. –
Nee, wenn Du hier nich unnekümmst,
Denn bün 'k veluren;
Denn is 't vebi
Mit Di un mi.
Un wenn mien armes Kind geburen
Hüt ore morrn,
Denn bün ick dat, wat Anne worrn,
Denn ward uns' Leiw uns sülwst⁴) tau Gift
Denn wärd dat Leben,

---

1) blaag = blau. 2) zaag = verzagt, furchtsam. 3) künn = könnte. 4) sülwst = selbst.

Wat uns tau leben äwrig blift,
Dörch unse eigne Leiw vergebèn[1]),
Un as en lieberliches Poor
Gelln wi denn in den ganzen Lan'n;
Denn stigt bei Sehan'n
Von Johr tau Johr,
Un wenn dat endlich kümmt tau'n Starben,
Denn möten s' unse Kinne arben.
Wenn 'k denn mi up mien Lâgé krümm,
Denn büst Du nich üm mi herüm;
Denn kickst Du mi so truu nich an,
As Du dat sünst woll behrst, Jehann;
Un bei in Leiw so tau Di wier,
Dei scheidt viellicht von Gottes Jer[2])
In Fluch un Haß."

Sei leet em los un störr[3]) em furt,
As wier dit all ehr letztes Wurt;
Hei reet so wild herüm in 't Gras
Un gnirrschte mit bei Tähn tausamen,
As wier 't so, as sei sähr, all kamen,
Un sprüng tau Höcht un stünn in En'n

---

1) vergeben = vergiftet. 2) Jer = Erde 3) störr = stieß

Un stellt sich vör sien Mäten hen.
Dat Dog is wild, dat Blaut, dat stiggt,
Em gläugnichroth[1]) in dat Gesicht:
„„Diern,‟‟ röpt[2]) hei, „„„Diern, süll so dat kamen,
Denn halt s' der Deuwel alltausamen!
Denn halt der Deuwel all bei Herrn!
Ik leet mi schin'n, mit Fäuten perrn[3]),
Ik bün't jo anners nich gewen'nt[4]),
Doch wenn 't mit Di so mal eins en'ut,
Denn sall en Dunner 'rinne schlahn;
Dat ehr bei Dogen äwegahn!‟‟‟
Un 't Mäten springt nu of tau Höcht:
„Oh, Gott, Jehann, wat hew ik seggt?
Wat hew ik seggt, wat hew ik dahn?‟
Un fött em üm un drückt em 'ran:
„Oh wes doch still, laat sin, Jehann!‟
Hei maakt sich los un schüfft[5]) sei weg
Un fött ehr Hän'n in sien tausam:
„„Nu hür, Mariek, wat ik Di segg —
Ik wull doa ierst man nich mit 'rut —
Wenn 'k hier bi uns nich unnekam,

---

1) gläugnig = glühend. 2) röpt = ruft. 3) perrn = treten.
4) gewen'nt = gewohnt. 5) schüfft von schuben; schiebt.

Denn is dat mit dat Kriegen ut;"
Denn Amt un Stadt, dei häuben[1]) sich."
„Ach, un uns' Herr, dei beiht dat nich."
„„Hei möt, heit möt; ick laat nich nah.
Du kannst nich nah Amerika;
Un Keine will uns Hüsung geben?
Hier unne unsen eig'nen Heben
Kein Platz för uns, för mi un Di?
Kein Platz in unsern Vahrelan'n?
Dat wier 'ne niederträcht'ge Schan'n!
Roah[2]) nich, Mariek! — Ik bliew boabi tau
Hei möt, hei möt! — Ik gah hen klagen;
Wie will'n mal dei Gerichten fragen.
Uns' Herzog will nich, dat en Mann,
Dei Arbeit mag un Arbeit kann,
Ut sienen Lan'n warb 'rute dräben;
Hei hett Gesetze dräwe schräben[3]).
Dat weit'n dei Herrn ok ganz genau;
Wi sünd doa man tau dumm doatau.
Hei sall un möt uns Hüsung geben!"" —

---

1) häuben = hüten. 2) rohren = weinen; eigentlich laut
    weinen, daher es auch zuweilen für „schreien" gebraucht
    wird. 3) dräben und schräben = getrieben und geschrieben.

Marieken lehnt sich an, bei Muur
Un keek em an in stille Truur.
Sei was so bleik, sei was so blaß,
Ehr Thranen föllen in't gräune Gras,
Sei folgt still vör sich hen bei Hän'n
Un seggt tau em so lies' un sacht 1):
„Jehann, so hew ik't mi nich dächt.
Nu wull ik, dat wier bald tau Ën'n!
Ach Gott, ik möt Die Dienen Globen,
Dien letzte Hoffnung ok noch roben.
Uns' Herr, dei gift uns keine Stähd 2);
Gif Acht, dei lacht bi Diene Bähd 3),
Un wenn hei hürt, dat ik Dien Bruut,
Denn jögt hei ut den Deinst Di 'rut.“
„„Worüm denn dat? Wat süll dat heiten?““
„Oh fohr nich up! — Du warst woll weiten,
Hei hett up mi en Haß stets hatt,
Hei hahr mit mienen Bahre wat,
Un dat möt ik nu noch entgelln.“
„„Ja't is en Hund, en Minschenschinne!

---

1) sacht, eigentlich = sanft und dann auch leise, still; ja es be-
deutet zuweilen auch „wohl“ z. B. dat will ik sacht dauhn.
2) Stähd = Stätte, Stelle. 3) Bähd = Bitte.

Kümmt hei mal in mien Fuß herinne,
Denn war 'k em mal en Stück vertelln¹)!""".
"Oh nich, Jehann! man keinen Larm!"
Sei fött em üm un schleiht den Arm
Em schmeichlich üm den breiden Nacken,
Strickt em dat Hoa un straakt bei Backen:
"Oh nich, Jehann, man keinen Striet!
Den Herrn sien Hand, dei reikt so wiet,
Wen dei einmal vedarben will,
Den'n kann uns' Hergott sülwst nich rerrn;²)
En Minschenhart mit Fäuten perrn,
Dat is för den'n ein Kinnespill.
Jehann, oh häuv Di vör den Herrn!"
""Wat will hei mi?"" — "Wat hei Di will?
Besinn Di doch un redt nich so!"
""Nicks kann hei, wenn 'k mien Arbeit dauh;
Un maakt hei mi Vedreitlichkeiten,
Denn schmit ick em den Kram tau Fäuten
Un kann mi annerswo vermeiden³).""
"Dat kannst Du dauhn, dat kannst Du. — Ja.
Kannst sülwst hen nah Amerika,

---

1) vertelln = erzählen. 2) rerrn = retten. 3) vermeiden =
vermiethen.

Un füll, doarüm mien Hart verbläuden [1]),
Di steiht, denn frie bel ganze Welt;
If un mien Kind, wie sitten hier,
Du schickst uns af un an mal Geld,
Bet 't Di tauletzt denn mal infüllt,
Dat 't nu nahgrabens naug [2]) woll wier.
Doch glücklich warst Du nümmemiehr,
Du schlöpst so ruhig nich as sünst,
Wenn Di mal drömt, dat if un 't Kind
Hier unne einen Herren sünd,
Bi den'n Du't nich uthollen künnst."
Dat packt em an, dat schleiht den Kierl
As Dunner 'runne von den Dwierl [3])
Bet in dei Tehn [4]). Hei höllt sei faat't,
Un ballt dei Fust, stampt mit den Faut:
„„Denn gah't mi all mein Dag' nich gaut,
Marieken, wenn if Di velaat!
Wenn if mi von Di scheiden künn,
Denn süll kein Mahn [5]) un keine Sünn,
Kein Stiern mi schienen all mein Daag,

_____

1) verbläuden = verbluten. 2) naug und genaug; auch, genung
= genug. 3) Dwierl = Wirbel. 4) Tehn = Zehen.
5) Mahn = Mond.

Wenn 'k Di mi ut den Sinn eins schlag,
Will 'k elend dörch dei Welt hen rönnen,
Un in dei Höll will 'k ewig brennen.
Ik laat Di nich, ick laat Di nich!
Hei mag mi märtern fürchterlich,
Hei mag mi schin'n [1] Hei mag mi perrn,
Ik holl hier ut, bi unsen Herrn.'"'
„Un ik will nie nich werre klagen,
Will Allens, Schimp un Schan'n vedragen,
Un wenn ik noch wat Schlimmers wüßt.
Ik will Di sin, wat Du mi büst, —
Oh Herrgott, hür mi hoch in 'n Heben! —
Dien All'ns, Dien Hart, Dien ganzes Leben!"
Fast holl'n sei beid sich in den Arm,
Sei drücken beid sich truu un warm,
Sei küssen sich vähl duusendmal;
Dei Thranen fleiten still hendal.
Ehr Hart, dat is so vull un wiet,
As 't was in jene seel'ge Tied,
As sei tauierst sich hebb'n vör Johren
Up ewig Truu un Leiw tauschworen.
Un lang' un lang' stahn sei so doa.

---

1) schin'n = schinden.

Dei Sünn, dei strahlt so hell un kloa,

As wenn 't nich werre möglich wier,

Dat Wolken tögen äwr'e Jer[1]);

Dei Heben lacht so blaag un rein,

As künn kein Falschheit mihr gescheihn.

Dei lütte Vagel lett sien Jungen

Un kümmt ganz dicht heranne sprungen,

Un nickt mit't Köppken un wippt mit't Schwänzken

Un maakt von Twieg[2]) tau Twieg sien Dänzken

Un singt luut in dei Welt herinne,

Hei wüßt 't genau un wullt beschwören,

Dat dei Nümms[3]) wat tau Leeden behren,

Un flüggt taurügg nah siene Kinne

Un seggt tau ehr: „Ji lütte Brut,

Nu piept un schriet Jug[4]) lustig ut!

Dei dauhn Jug nicks, dei buten[5]) stahn,

Dei bugen[6]) ok sich jetzt ehr Nest.

Un hahr 't för duusend Dahle gahn,

---

1) Jer = Erde. 2) Twieg = Zweig. 3) Nümms = Niemand.
4) Jug = Euch. 5) buten = außen, draußen. 6) bugen,
eigentlich buuen = bauen. Des Hiatus wegen wird im
Plattdeutschen öfters ein g eingeschoben, z. B. gruugen für
gruuen, grauen; schriegen für schreien; friegen für freien;
dreihgen für dreihen = drehen.

Ik hahr jo dunn nicks Schlimmes dahn,
As ik von Mutte'n Brüjam west.
In jene schöne Frühjohrstied,
Wenn Leiw in 't Hart herinne tüht[1]);
Denn hett en naug an eigen Freud un Leid;
Ik weit Bescheid,
Wat Friegen heit."

Un in dei arme Diern ehr Hart,
Is t' ok, as wenn drin sungen ward,
Bestummt doarin is Schan'n un Sün'n,
Dei Leiw, dei singt so leiflich brin'n,
Von Hoffnung singt s' dat olle Leid,
Von Glück un Freud un Seeligkeit,
Von anne Tied un Betewarn[2]),
Womit s' dei Minschen hett taum Nahren.
Sei seggt tau dat bedrag'ne Hart,
Dat, wenn dei Heben einmal lacht,
Denn kehm nie werre[3]) düstre Nacht,
Kein Weere[4]) tög heruppe schwart.
So süngt 't in 't Hart dei arme Diern,
Un 't arme Kind, dat glöwt so giern!

1) tüht = zieht. 2) Betewarn = Besserwerden. 3) werre = wieder. 4) Weere = Wetter.

Un as sei noch so seelig stünn[1]),
Dunn geiht gen Abend dal[2]) bei Sünn,
Un Sünnenschien liggt in Gewäuhl
Mit Schatten, bei an 'n Heben teihn;
Dei Luft, bei is so fucht un schwäul,
Un Weerewolken sünd tau seihn;
Dei düste liggen ringsümher
Un 'ruppe[3]) trecken wiß[4]) un schwer.
Doch süht sei nich bei arme Diern,
Sei hölt sich an den Sünnenstrahl,
Dei ehr noch lacht tum letzten mal.
Ach 't Minschenhart, dat glöw't so giern! ——
„Nu kumm, Jehann, wi möten gahn.“
„„Oh nee, Marieken, sett Di dal,
Kumm, sett Di in dat Gräs tau mi,
As Du dat sünst so giern hest dahn.““
Un treckt sei hastig an sich 'ran.
Sei schüfft em t' rügg[5]): „Laat sin, Jehann,
Dei ollen Tieten sünd vebi[6]);
Gott weit, ob sei mal werre kamen.“

---

1) stünn = stand. 2) dal = nieder. 3) 'ruppe = herauf.
    4) wiß. Wenn „wiß“ von Bewegung gebraucht wird,
könnte man es am besten mit „stetig,, übersetzen. 5) t'
rügg für taurügg = zurück. 6) vebi, vörbi = vorbei.

Un ritt sich los: „Jehann, adjü!
Ik möt naß Huus, nah mienen Ollen.“
Hei raapt¹) sien Haut un Stock tausamen
Un kriegt sei an bei Hand tau hollen²):
„„Na täuw³), Marieken; ik kam mit.““
„Nee, nee, Jehann; nu nich! Nu gah!
Mi's 't gaut, wenn 'k nu alleine sitt,
Kumm leiwerst⁴) up den Abend nah.“
„„Ik kam. Adjü!!!““ — Doa gahn sei hen:
Hei rechtsch, sei linksch; un denn un wenn,
Denn stahn sei still un fieken sich
Einanne nah un winken sich,
As wull'n sei seggn: nu wier 't in Reih;
Nu wier ehr Beiden nicks intwei⁵),
Nu wull'n s' ehr Schicksal woll erdragen,
Nu wull'n sei 't mit bei Welt woll wagen.
Ach, arme Kierl, ach, arme Diern!
Kennt Ji bei Welt? — Ji wart Jug wunnern!
Seiht Ji dat lüchten⁶) in bei Fiern?
Hürt Ji dat bump heräwe bunnern?

1) raapen = raffen. 2) hollen = halten. 3) täuben = warten.
4) leiwerst = lieber. 5) „mi is nicks intwei“ ist eine
Redensart für „mir fehlt nichts.“ 6) lüchten = blitzen.

2.
Dei Brand.

Dei Sünn is gahn, bei Nacht bedeckt
All äwerall dei wiede Welt;
Dat Weere is heruppe treckt;
Dei Wind foahrt stootwies äwer't Feld;
Dei Blitz, dei schmitt sien fahles Licht
Männ'g Einen in dat bleik Gesicht
Un maakt bei Nacht tau hellig[1) Dag,
Un Dunner folgt, em Schlag up Schlag,
Dat rund un rings dat rullt un gnittert[2)]
Un Balk un Wand, un Finste schüttert. — —

Dei Herr geiht in den wieden Saal
Mit groten Schritten up un dal;
Hei fürcht sich nich, sien Hart is fast,

---

1) hellig = hell; eine ganz andere Bedeutung hat dies Wort
in der Redensart: „mi is hellig tau Mauth“, wo es
matt bedeutet. 2) gnittern, eigentlich = knistern, wird
jedoch immer von nahen, grellen Donnerschlägen gebraucht.

Un wenn hei trotzig an dei Ruten [1])
Tauwielen leggt sien hart Gesicht,
Denn is 't, as wenn en fahlen Glast
Herut ut siene Oogen lücht,
Vähl gift'ge, as dei Lüchtung [2]) buten.
Un wenn Ein hürt sien barsche Stimm,
Denn klingt sei in dat Uhr so hart,
As wenn dei Dunner ringsherüm
Von ehr tum Besten hollen warb.
Un up den Sopha hengestreckt,
Recht leibig, schlapp un matt un bleik,
Mit sieben Küssen taugedeckt,
Liggt doa sien Fruu, recht warm un weik.
Dat hüt 't Gewitter 'ruppe kehm,
Dat was ehr eig'ntlich unbequem,
Sei wull grar nah dei Behdstunn gahn,
Dei sei in'n Dörp [3]) hett ingericht;
Doch bi so'n Weere geiht dat schlicht,
Doa künn 't Gewitter 'rinne schlahn,
Un s' künn sich ok doabi verküllen [4]);
Denn sei is swack, siehr swack un kann nicks bauhn,

---

1) Ruten = Fensterscheiben.   2) dei Lüchtung = der Blitz.
3) Dörp = Dorf.   4) verküllen = erkälten.

Un wat s' noch deiht, dat deiht s' üm Gotteswillen;
Is siehr mit Nerven[1]) un möt ümme räuhn,
Sei 's fram, siehr fram, un in dat ganze Land
Ward s' rekent[2]) tau dei düllsten Framen.
As hüt 't Gewitter 'ruppe kamen,
Dunn hahr s' dat Sang'bauk gliek tau Hand
Un hett sich einen Bußgesang utsöcht[3])
Un behd so halw luut vör sich hen
Un wischt dei Oogen denn un wenn
Un süfzt denn ok wat Jehrlichs t'recht. —
Doch wo 's ehr Kind? Ehr lütte Jung? —
Oh dei, dei würr herute bröcht,
Denn as dat an tau werrern fung,
Un as dat Kind sei quält mit Fragen,
Dunn kün'nt ehr Nerven nich verdragen,
Un siene unvestänn'ge Reden,
Dei stürten sei tau siehr in't Behden.
Oh dei, dei is gaut upgehaben,
Dei sitt bi 't Kinnemäten baben[4]). —

Dei Herr geiht an dei Klingel 'ran

_____

1) „siehr mit Etwas sin: Redensart für „an Etwas leiden."
2) rekent = gerechnet. 3) utsöcht = ausgesucht. 4) baben
= oben.

Un fängt boa haftig an tau lürren [1]).
Dei nieg Inspecter trett herin.
„Dei Knechts, dei fäl'n dei Pier [2]) upfchirren,
Un nah bei Füerkübens feihn."
„„Is All parat; is All gefcheihn;
Blot Jehann Schütt, dei is nich boa,
Dei is tau Dörp herinne gahn.""
„Wo is dei Hund? Dei Rackewoah [3])!
Doa fall en Dunner rinne fchlahn!"
„„Ach Gott, ich bitt Dich, Balduin!
Bei folchem Wetter fo zu fluchen!
Kann Gott Dich nicht nach Oben ziehn,
Dann wird er Dich hier unten fuchen
Und wird Dir das Gewiffen fchärfen,
Oh Gott! Bedenk doch meine Nerven!""
„Ei, halt Dein Maul mit dem Gezeter!
Ich fag's noch 'mal: da fchlag' das Wetter
Hinein, wenn bie Befehle nicht . . . "
Hei feggt 't nich ut, boa fchütt [4]) en Licht
In einen glugnig breiden Strahl
Ut fchwarte Nacht von 'n Heben bal,

---

1) lürren = läuten. 2) Pier = Pferde. 3) Rackewoah =
Rackerwaare, Rackerzeug. 4) fchütt = fchießt.

As wenn dei Sünn dal schaaten wier.
Dei ganze Hof, dei steiht in Füer,
Un Knall un Fall, dei prallt tausamen
Un redt mit em en dütlich Wurt;
Dat was em an dat Mage¹) kamen!
Blaß prallt hei von dat Finste furt,
Steiht still vör Schreck un höllt dei Hän'n
Vör dat Gesicht. — Süll dat woll bren'n? —
Em früst²) un schüttelt dat as Feewe³);
Hei stört⁴) herut; sien Hof ligt schwart,
Doch von den Möllehof heräwe,
Doa is 't, as wenn dat helle ward.
Hell bluckt⁵) dat up. In lichte Hast,
As wenn 'ne Katt löpt äwr 'e Fast⁶),
Un springt behen'n von Fack tau Fack,
So löpt dei Läuchen⁷) äwer 't Dack.
Un lickt sich dal
Un stiggt tau Höcht
In einen gläunigroden Strahl.

---

1) dat Mage = das Magere. Die Redensart bedeutet: Eindruck machen.   2) früst = friert.   3) Feewe = Fieber.
4) stört = stürzt.   5) upblucken = sich plötzlich entzünden.
6) Fast = First.   7) Läuchen = Gluth.

Dei Stormwind fégt

Herin, un as 'ne gläugenige Fahn'

Bülgt sich bei Läuchen börch bei Lüchten¹).

Hoch sitt nu stolz bei robe Hahn

Un schleiht vör Freuden mit bei Flüchten²). —

Up jedes Dack leggt sich en Füerschien,

In jedes Finste blinkt 't, as wenn dat brennt,

Un „Füer! Füer!" hürt man schrien,

Ein Jeder löpt, ein Jeder rönnt,

As hahr hei ganz den Kopp veluren,

Un will sien Bäten Armuth rerrn;

Dunn schallt em plötzlich in bei Uhren

Dei harte Stimm von sienen Herrn:

„Hier her! Hier her! Hier All tau Hoop³)!"

Un tägernd folgen s' All den Raup⁴),

Dei lett den Kuffert⁵), dei dat Berr,

Denn dei em röpt, dat is sien Herr,

Bähl schreckliche, as Füersnoth.

Dat Füer, dat kann sien Alln's vetehren

Un schmitt em up dat friee Feld;

Sien Herr kann't ok, doch sien Gebot,

---

1) Lucht = Lüft. 2) Flüchten = Flügel. 3) Hoop = Haufen. 4) Raup = Ruf. 5) Kuffert = Koffer.

Dat kann bei Heimath em vewëhren
Un jagt em elend in bei Welt. — ;— r

Un as f' bei Herr taufamen röp[1],
Dunn rummelt vön ben Hof 'ne Schlöp[1]),
Déi is bei annern wiet vöran,
Un up bei Mähren[2]) fitt Jehann
Un jögt herinne in ben Diek
Un fpringt mit beibe Bein taugliek
In 't Wate 'rin un füllt un beiht
Un fchwenkt[3]) fich up bei Mähr herup
Un jögt boahen in vullen G'lopp,
Wo 't Mölle huus in Flammen fteiht.
„Hierher, Hallunk! Wo büft Du weft?"—
Dat is den Herrn fien harte Stimm. —
Hei röpt't un ritt bei Mähren 'rüm
„Hier nah ben Hof! Un laat bat Neft
Tum Deuwel in bei Grund 'rin fchwälen[4])!"
Jehann gehorcht all bei Befehlen,
Dunn ftört't ut Huus bei Möllefruum:

---

1) Schlöp = Schleife. Eine Schleife von Band heißt
„Schleuf." 2) Mähr für Pferd, hat im Plattdeutfchen
nicht ben verächtlichen Nebenbegriff, ber im Hochdeut-
fchen häufig damit verbunden wird. 3) fchwenken =
fchwingen. 4) fchwälen, eigentlich = glimmen.

„„Mien Kind!. Mien Kind!, Oh, rerrt mien Kind!
Doa baben-in dei Gebelstuw.""

Jehann herunne aß en Wind,
Den Kittel¹) äwer ʼn Kopp, störtʼt naß bei Döhr:
Dei Herr, den Tägel²) in dei Hand, springt vör
Un schleiht in vulle Wuth naß em:
„Hallunk! Hierher! Wo willst Du hen?"
Hei hürt dat nich, hei achtʼt dat nich;
Dei Mähren schnorken, schuen sich;
Dei Herr hölt wiß, sei gahn in Enʼn³)
Un rieten em dei Tägel ut dei Hänʼn;
Hei föllt, un ʼt ganz Gedriew⁴)
Von Pier un Schlöp geiht äwer sienen Liew.
„Tau Hülp! Tau Hülp! Holt an! Holt an!"
Un ut dat Gebelfinste schriet Jehann:
„„Uem Gotteswillen bringt ʼne Lerre⁵)!""
Un hölt dat Kind un winkt un röpt,
Un Allʼns röpt mit un schriet un löpt,

---

1) Kittel wird in unserer Gegend nur für einen Leinwandrock gebraucht; ein solches Kleidungsstück von Tuch heißt: Rock. 2) Tägel = Zügel. 3) in Enʼn gahn = sich bäumen; es wird auch der Ausdruck „sich steideln," von „steil," dafür gebraucht. 4) Gedriew = Getreibe. 5) Lerre = Leiter.

Un Keine deiht, wat nützen kann,
Bet endlich dei oll Faureknecht[1],
Oll Daniel, ein 'ränne leggt:
„Nu kamt man her ün saat't mit an!"
Dörch Rook un Füer stiggt Jehann
Un hett dat lütte Worm in 'n Arm;
Un still mit einmal is dei Larm,
Kein Raup ward luut, kein Wurt ward hürt,
Blot Füersuusen, Funkenknattern.
As wier ehr All dei Kehl tauschnürt,
Stahn s' doa un seihn em 'runne klattern,
Un blot dei olle Faureknecht,
Dei kickt so still un wiß tau Höcht:
„Man sacht, mien Sähn Jehann, man sacht!
Den Faut bet linksch! Nimm Di in Acht!
Nu is hei up dei letzte Tram[2],
Dei Mutte schmitt sich up ehr Kind:
„„Mien Kind! Mien Corl!"" — Doa schütt dat
                              Dack tausam,
Un buusend Funken wirbeln in den Wind. —
Un all dei Minschen athen twerre,
Un ringsherüm, doa hürt man fragen:

1) Faureknecht = Futterknecht 2) Tram = Spieße

„Wer was 't, wer steeg boa von dei Lerre?
Wer halt dat Kind? Wer behr dat wagen?"
Sien Nam', dei güng von Mund tau Mund:
„„Dat was Jehann, was Jehann Schütt!
Hürst Du, Mariek? Hei halt dat Lütt."''
Ach Gott, wo seelig sei boa stund!
Wo hoch würr ehr dat Hart nich schlagen!
Wo was dat vull von Freuden = Schuur'n!
Woll hahr sei 't hürt, mit duusend Uhr'n
Hahr sei dei Nahricht in sich sagen¹).
Sei drängt sich börch. „Wo is Jehann?"
Sei möt tau em, dei Hand em drücken,
Sei möt in 't helle Oog em blicken,
Möt seihn, wo stolz hei wesen kann.
„Jehann! Jehann! Mien leiw Jehann!"
So schmitt s' sich an sien Bost heran.
Hei beiht dat blonde Hoa ehr strieken
Uu flustert sacht: „„Laat sin, Marieken!
Mien Mähren sünd mi stü'rlos²) worrn,
Dei möt ik hebb'n. Laat sin bet morrn!"''
Un dei oll Daniel, dei seggt:

---

1) sagen = gesogen. 2) stü'rlos, eigentlich = steuerlos; von
Pferden gebraucht = wild.

„Gefohr is nu nich mihr vörhannen,
Deef' Regen löscht von sülwst dat Fü'r,
Un ok dei Stormwind hett sich leggt."
Un Allens brängt sich üm Jehannen:
„„Hier," seggt dei Ein, „„hier fünd Dien Pier!""
„Dien Schwäp¹), Jehanning!" seggt dei Anne.
„„Hier is Dien Kittel!"" Jeder möt
Em wat tau gauden dauhn up siene Oart.
Un as hei nu Mariek ümfött,
Dei an em hängt un seelig roahrt,
Dunn seggt oll Daniel: „'T is woah,
Dat is in'n Dörp dat brawste Poa!"
Dunn wünscht ein Jeder still dei Beiden
Dat schönste Glück un buusend Freuden.

Blot Ein steiht affsied²) in dei Fiern
Un süht vull Grimm dei arme Diern,
Un Afgunst³) schämert ut sien Oog,
As sei den Knecht so an sich tog.
Un as hei fleiten seeg ehr Thranen,
Dunn schneerten sich sien Oogenbranen⁴)
So dicht tausam. Is 't von den Fall?

1) Schwäp = Peitsche. 2) affsied = abseit, bei Seite. 3) Afgunst = Mißgunst, Neid. 4) Oogenbranen = Augenbraunen.

Is 't von bei Weihdaag [1]) in bei Hüft? —
Oh nee! dat is von Gift un Gall,
Von bei dat Hart em äwedrift.
Doch as, ehr Kind in 'n Arm, sich nu
Heranne drängt bei Möllefruu
Un ehren heiten Dank utschürrt
Un up Jehannen allen Segen
Von Gott in 'n Himmel 'runnebirrt,
Dunn kann hei 't länge nich verdrägen,
Dunn kann hei 't länge nich anseihn;
Hei hinkt bi Sied un winkt un Ein,
Dei möt em nah sien Schloß henlerrn [2]). —
Jehann, Mariek! Oh, häurt Jug vör den Herrn!

---

1) Weihdaag, eigentlich = Wehtage d. h. Schmerz   2) lerrn
= leiten, führen.

3.
Dei Schimp.

'T is Sündag werre; helle Sünn
Kickt fründlich in dei Stalldöhr 'rin.
'T is Sündagmorrn, 't is nicks tau dauhn:
Dei ollen Mähren stahn ün rauhn,
Dalluhrig[1]) stahn s', beip in Gedanken,
Wotau sei sünd? tau Höcht den Bein,
Un af un an denn stampt mal ein
Un schnappt vebreitlich näh bei Flanken[2])
Un schwäpt sich mit den Staart herümme
Un jagt von 'n Puckel sich den Brümme
Un streckt sich dal un leggt sich hen
Un wahlt[3]) sich up dei frische Streu;

---

1) dalluhrig = mit hängenden Ohren. 2) Flanken, auch Lan-
ken = Seite, vorzugsweise die Stelle zwischen Rippen
und Hüfte. 3) sich wahlen = sich vor Vergnügen wäl-
zen. Das bloße Wälzen heißt: „Wöltern.“

Oll Schimmel = Hans halt denn un wenn
Von siene Röp[1]) en Loppen[2]) Heu
Un kickt sich üm so mäud un still,
Un nickt, as wenn hei seggen will:
„Ji, junges Volk, täuwt[3]) man en Bäten,
Denn war Ji 't Upstahn woll vergeten."
Un bäwert[4]) up sien krummen Knei
Un schubbert[5]) sich bei Fleig von 't Fell,
Un ornlich süfzt dat olle Veih,
As wenn em lang' vergahne Joah,
Sien schöne Jugendtied inföll,
As noch was schwart sien junges Hoa,
As siene Knaken noch ahn Tadel,
As Kein em noch tau Arbeit dwungen,
Un hei noch frie von Toom[6]) un Sabel,
As Fahlen was herümmesprungen. —

Un rings so still un dunstig is 't;
Oll Daniel reckt sich harthaft mal
Un halt sien Putzmetz[7]) sich hendal

---

1) Röp = Raufe. 2) Loppen = ein Flausch. 3) täuben =
warten. 4) bäwern = zittern. 5) schuddern = schau=
dern; d. h. mit der Haut eine zitterude Bewegung machen.
6) Toom = Zaum. 7) Putzmetz = Rasirmesser.

Un stellt sich an bei Faurekist,
Doarup sien Stückschen Speigelglas
Un fohrt sich mit den Quast verdwas[1])
'Rin in dat olle gries' Gesicht,
Un set't bei Tung 'rin in bei Backen
Un fängt nah Kräften an tau racken[2]),
Bet hei den Boart herunne krigt. —
Dei is en Bäten lang em worrn,
Is von bei ganz veläden[3]) Woch,
Nu schrient[4]) em dat — indessen doch —
'Nun möt 'e, denn 't is Sünbagmorrn. —
Gott Low un Dank! Nu is hei 'runne!
Hei stoppt dat Blaut nu noch mit Tunne[5]),
Verwoahrt dat Metz, dat Glas, den Quast,
Treckt sich den Hosenbräge fast
Un bin'nt 'ne reine Schört[6]) sich vör
Un trett nu 'rute ut bei Döhr.
So steiht hei boa in vullen Staat;
Nu kann 'ne Gräwin kamen, hei 's parat.

---

1) verdwas = verqueer. 2) racken = kratzen. 3) veläden =
vergangen. 4) schrienen = von Schmerzen an der wunden
Hautoberfläche gebraucht. 5) Tunne = Zunder; Feuer-
schwamm 6) Schört = Schürze.

Un vör bei Döhr, boa sitt Jehann.

Oll Daniel schüfft¹) sich an em ’ran

Un schüfft en Priemken mang bei Tähn:

„Wo büst Du west, Jehann, mien Sähn?“

„„Tau Dörp. Mariek wull Middag kaaken²);

Dunn haüt ik ehr dat Buschholt klein.““

„Dat laat ben Preiste man nich seihn.“

„„Du leiwer Gott, wat sall en maaken?

Dei ganze Woch geiht dat Geslaw³),

Dei Diern möt Dag för Dag tau Haw⁴),

Wenn sall sei denn den Kram besorgen,

Wenn anners, as ben Sünndagmorgen?““

„Je, ’t sall nu äwerst doch nich sin.“

„„Dat weit ik woll; wi sälen behren

Un sälen in bei Kirch herin.

Dei bei Gesetze maaken behren,

Dat sünd bei Rieken, sünd bei Herrn,

Dei Armuth dauhn s’ boabi nich fragen;

Wi möten ’t dauhn, wi möten ’t dragen,

1) schüfft, von schuben = schieben. 2) kaken = kochen. 3)
Geslaw. Slaven heißt: Sclaven-Arbeit verrichten und
wird für jede täglich wiederkehrende, schwere Arbeit ge-
braucht. 4) tau Haw = zu Hofe gehn, gezwungene Hof-
dienste verrichten.

Un wenn f' uns of mit Fäuten perrn."

„Jehann, mien Sähn, nimm Di in Acht,
Dat sich bei Bös' nich inschlickt in Dien Hart;
Ahn dat wi 't marken, kümmt hei äwe Nacht
Un malt uns bei Gedanken schwart.
Du wierst süs so'n taufreden [1] Blaut;
An so wat hest Du nie nich dacht,
Du behrst Dien Ding' so wollgemauth;
Dien Hart was froh, kein Arbeit würr Di schwer;
Nu kümmst Du mi ganz anners vör."

„„So? Bün if anners? — Daniel, ja,
If weit, if bün ganz anners worrn,
If hew kein Rauh nich, wo if stah un gah,
Dat jögt mi ümme hen un her,
Un is dat hüt, denn wünsch if, dat wier morrn.
Ach Gott! Wat is dat Hart mi schwer!
If hew 't woll markt: Du weitst Bescheid,
Wo 't üm mien arm Marieken steiht.
Dauh 'k up den Harwst kein Hüsung kriegen,
Denn kann 'k bei arme Diern nich friegen,
Denn möt en Unglück noch gescheihn,
Den Jamme kann if nich anseihn.

---
1) taufreden = zufrieden.

Blot Hüsung, Hüsung! Wiere sall

Mi Kein wat bauhn: — Wat red if All!

Di is 't in'n Leben nich so gahn,

Kannst nich mien Noth un Angst vestahn."

Un bei oll griese Faureknecht,

Dei richt't sich still un iernst tau Höcht

Un steiht vör em un kickt em an:

„So? Weitst Du dat? Meinst Du, Jehann?

Was of mal jung, was of mal stark;

Mien Knaken vull von kräftig Mark,

Mien Dog' was kloa, mien Hart was frisch,

Mien Leben was 'ne gräune Wisch [1]),

Un up dei Wisch, doa bläuht 'ne Ros',

So schön un hell, so vull un rief,

Woll ebenso as Dien Mariek.

Un was if von dei Arbeit los

Des Abens, wenn dei Schatten teihn,

Denn seet if mit mien Ros' allein,

Un wat wi redten, wat wi spröken [2]),

Dat steiht mi deip in'n Harten schräben,

Un lewig [3]) is 't mi ümme bläben

---

1) Wisch = Wiese. 2) spröken = sprachen. 3) lewig = le-
bendig.

Un blift't, bet' dat mien Hart deiht breken."
Jehann springt' up un kriegt den Ollen
Bi siene bewrig¹) Hand tau hollen::
„„Worüm heft Du sei denn nich nahmen?"" —
„En Worm was in mien Ros' 'rin kamen,
En Worm hett miene Blaum verdorben;
In Noth un Elend is sei storben.
Mien Herr, dei hett sei sowiet bröcht²).
Hei was dei Herr, if was dei Knecht;
Mien Hart blörr³) un'n, sien Hand was baben,
Hei bröt⁴) mien Ros', if hew s' begraben."
„„Wer was Dien Herr? Wer was Dien Bruut?""
„Mien Herr was unsen Herrn sien Vahre.
„„Un Du reetst⁵) em nich jede Ahre⁶),
Du reetst sien schwartes Hart nich ut?""
Un dei oll Daniel wendt sich üm —
Sien Oog, dat gläuht, sien Lipp, dei bewt —
Un seggt mit bewerige Stimm:
„Mien Sähn, mien Sähn, uns' Herrgott lewt.
„Mein is die Rache," hett hei seggt;

---

1) bewrig = zitternd.   2) bröcht = gebracht.   3) blörr = blu-
tete.   4) bröt = brach.   5) reetst = rissest.   6) Ahre =
Ader.

Hei hett. sien Hand nahst[1] up. em leggt,
Hei is in Sünn'n un Schan'n vegahn;
If was un blew sien Faureknecht,
Un hoff, if war vör Gott bestahn.
„Mein is die Rache!" Denk doaran,
Dat is en Trost för uns, Jehann."

Un Daniel geiht; Jehann, dei sitt
Nahdenklich doa, den Köpp gestüt't,
Un denkt an Danieln siene Rehr,
„„Nee,"" seggt 'e, „„wenn if 't wesen dehr,"
Un mi wier 't as den Ollen gahu,
Denn hahr if woll wat Anners dahn.
„Mein is die Rache!" spreckt dei Herr.
Dat is recht gaut. Ja! Awe wer
Lett sich sien Ein un Allns vedarben
Un leggt doabi dei Hän'n in 'n Schoot? —
So tautauseihn? — Nee! — Leiwerst dodt!
Hei ore if! — Nee, Ein müßt starben!"
Un ballt dei Fuust un schleiht up 't Knei:
„„Ja, 't is dei ew'ge Litanei:
Von Morrns bet Abends in den Sälen[2])!

---

1) nahst und nahsten = nachher, hernach. 2) Sälen = Sielen

Wi möten 't dauhn, un sei befehlen.
Ob Ein bei Knaken kann. noch rögen[1];
Wer frögt boanah? — Genaug — wi säten!
Un wenn s' denn blot uns' Hart mal. frögen
Un 'rinne seegen[2] in unf' Noth
Un günnten uns unf' Bäten Brodt
Un günnten uns man, blot bei Stähr
Un as en Minsch tum Minschen stün'n,
Denn wull w' ehr Macht un Riekdauhm. gün'n,
Denn würr kein Arbeit uns tau schwer.
Wek sälen 't dauhn un sät'n bei Lühr
As Minschen. hollen; äwerst hier!
Hier hett Kein mihr en heilen Rock,
Hier is dat däglich Brodt bei Stock,
Un Schandwüür is hier noch dat Best.
So is unf' Herr, so is sien Vahre west.
Dat is 'ne wahre Schinneban'n[3]!
Un as hei noch so sitt un sinnt,
Dunn kümmt tau em en lüttes Kind,
Dat schmeichelt sich so an em 'ran
Un krawwelt[4] em in sienen Boart

1) rögen = rühren. 2) seegen = sähen. 3) Schinneban'n
= Schinderbande. 4) krawweln = krauen.

Un ei't[1]) so vähl un kickt so wiß
Em mit bei groten Ogen an,
So recht nach säute Kinnevart.
Will up em rieren so', as süs,
Un hölt sien Hand mit beide Hän'n
Un springt herümme vör Verlangen
Un will up 't Knei heruppe rangen[2]).
Jehann, dei böhrt[3]) em ok in En'n
Un up dat Knei un lett em rieren.
Wo schwart ok sien Gedanken wieren,
Bi so 'n unschüllig Kindsgesicht,
Doa stellt dat Licht sich werre in,
In em schient werre Leiw un Sünn;
Dei Haß vegeiht, dei Schatten flüggt.
Hei böhrt dat Jüngschen vör sich hoch
Un kickt em in dat Kinneoog.
„„Nee,"" seggt hei, „„nee, Du leiwes Kind,
Du warst nich, as Dien Öllern sünd.
Is in Dien Ahrern ok ehr Blaut,
Du deihst einmal bei Armauth gaut;

---

1) eien, eigentlich = „ei! sagen;" vom Schmeicheln der Kinder
gebraucht. 2) rangen, hier soviel als klettern. 3) böh-
ren = heben.

Du drügst mi nich, Dien Oog is woah!"''
Un stridt taurüg dat lodig Hoa
Un kickt vull Leiw dat Jüngschen an
Uu brückt 't an 't weike Hart heran
Un brückt sien Lipp up sienen Mund
Un küßt em recht ut Hartens Grund.

Un as hei 't dehr, dunn müßt 't gescheihn,
Dat dei Mama kam ut den Goahren;
Dei frame Fruu, dei müßt dat seihn,
Begünn gewaltig up tau foahren:
„Arthur, hier her! Unnützer Bube!-
Marsch! Fort mit' Dir! Fort in die Stube!
Und Er? Wie kann so'n Kerl es wagen,
Mein Kind, das Kind des Herrn, zu küssen?
Wart Er! Der Herr, der soll es wissen." —
As hahr 't Gewitter in em schlagen,
Foahrt hei tau Höcht. Dat Blaut dat schütt[1]
Em gläugnig in 't Gesicht; hei bitt[2]
Dei Tähn tausam. Dat dehr em packen:
För so vähl Leiw so 'n schändlich Wurt!
Hei mügt vör Schimp un Schan'n versacken[3],

---

1) schütt = schießt. 2) bitt = beißt. 3) versacken = versinken.

Un as dei frame Fruu was furt,

Dunn föllt hei up den Sitz taurügg:

„„Dat hew ik wullt!" — Dat is mi recht!""

Un Daniel steiht bi em un seggt:

„Jehann, Du kennst dei Welt noch nich:

As witte Duuw[1] mit schwarte Raaw,

So stimmt tausamen Herr un Slaw.

Ehr Vurthel geiht woll Hand in Hand,

Sei wahnen beid in einen Land,

Sei athen beid dei sülwig[2] Luft

Un rauhn viellicht in eine Gruft;

An einen Gott, doa wen'n[3] sei sich;

Doch Hart un Hart, dat findt sich nich."

---

1) Duuw = Taube. 2) dei sülwig = dieselbe 3) wen'n
   = wenden.

4.
Dei Haß.

Dei schönste Dag in't ganze Joah
Stiggt liesing 'ruppe hell un kloa;
Jacobidag, wenn Rogg ward meiht,
Wenn Seegen up dei Felle steiht;
Un sünnenreines Gottes-Gold
Sich leggt up Wolf un Barg un Holt[1];
Wenn Gott dei olle schöne Welt
Mit Glanz un Pracht umwunnen höllt,
Wenn hei sei fött[2] so weik un warm
In siene truue Bahrersarm,
Mit Seegen siené Hand drup leggt
Un, as den säwten[3] Dag, ehr seggt,

---

1) „Holt;" in einigen Gegenden auch: („Busch," wird für
„Wald" gebraucht. (2) fött, von faaten = faßt. 3) säw-
ten, von säben = siebenten.

Dat Allens up sien leiwe Jer[1])
Recht gaut un tau sien Freuden wier. —

Noch liggt dei Welt in deipen[2]) Droom,
Noch liggt dei Nacht up Barg un Boom;
Up Gras un Busch, dpa liggt dei Daak[3]),
Doch in den Morgen ward dat waak[4]),
Un Nacht vergeiht, un Schatten flüggt,
Un ümme helle, kloare stiggt
Dei Dag herup mit siene Qual,
Mit siene Arbeit, siene Lust,
Un mächtig schütt en hellen Strahl
Tum Heben hoch dörch Nebelduft,
Un duusend anne folgen d'rup:
Dei Sünn geiht up! — —
Un as sei upgeiht in ehr Pracht,
Waakt Schall un Farw ut Schlap un Nacht,
Dei Blaum ward bunt, dei Boom ward gräun,
Dei Jer so herrlich antauseihn,
Dei Heben blaag[5]), un dörch dei Höh
Gahn Wolkenschäp[6]) up stille See.

---

1) Jer = Erde   2) deip = tief.   3) Daak = Thau.   4) waak
= wach.   5) blaag = blau.   6) Schäp, Plur. von Schipp
= Schiffe.

Dat is en Kuß, den hett dei Heben
Dei Jer in Leiw un Andacht geben.
Un dörch dei Welt, doa klingt en Klang,
Dei hürt sich an as: Leben! Leben!
Dat is dei Jer ehr Morgensang.
Dei Blaum, dei böhrt[1] den Kopp tau Höh,
De Draussel schleiht[2] den iersten Schlag,
Un ut den Busch 'rut trett dat Reh,
Un Allens grüßt den jungen Dag. —

Oh, junge Dag, oh, Morgensünn,
Schien ok in 't Minschenhart herin!
Wat düste west[3], maak hell un kloa,
Un warm maak d'rin, wat kolt is west!
Dei Arbeit von dat ganze Joah,
Dei fieert hüt ehr Freudenfest.
Dei sünst[4] des Joahrs in Noth un Leid,
In Lumpen dörch dei Welt hengeiht,
Dei Arbeit, dei sünst so veracht't,
So kümmerlich bi Geld un Macht

---

1) böhrt = hebt. 2) schleiht = schlägt. 3) west, auch we-
sen = gewesen. 4) sünst, abgekürzt auch „süs" = sonst.
„Sünst des Joahrs" ist eine Redensart für: „im übri-
gen Theil des Jahres."

As Schnurre[1] an bei Döhren steiht,
Dei steiht hüt hier in lichte Prächt;
Den Kopp so hoch, von schweren Dahren[2]
Dei riefe, goldne Kron in Hoaren.
Sei süht as Kön'ginn äwr 'e Welt,
Dei Allens richt un Allens höllt. —

Sei winkt, un Allens drängt sich 'ran,
Ehr Volk, dat stellt sich Mann för Mann;
Ehr Volk hett wunnefrischen Mauth,
Den Blaumenstruuz[3] vör Bost un Haut,
Dat Hart vull Lust un vull Begehr,
Un äwr 'e Schulle[4] schwere Wehr,
So drängt't sich 'ranne mit Gesang;
Dei Boom[5] ward in bei Jer 'rin set't,
Dei Seiß[6] ward wet't. —
Wat gift dat för en scharpen Klang!
„Un nu mit Gott, wi willn 't wagen!"
So war'n in heiten Sommersdagen;
Dei lust'gen Arbeitsschlachten schlagen. —

As wenn dei Mahn dörch Wolken treckt,

---

1) Schnurre = Bettler. 2) Dahren = Ähren. 3) Struuz
= Strauß. 4) Schulle = Schulter. 5) Boom = Baum,
hier der Sensenbaum. 6) Seiß = Sense.

So gahn dei Seißen dörch dat Kuurn ¹),
As wenn in Fiern dei Bülg²) sich breckt,
So süßt un runscht³) dat in dei Uhr'n⁴).
As wenn in Jernst hier schlagen wad,
So wär'n dei Seißen mächtig schwungen;
Dei Oahren facken up dat Schwad,
As wier in Jernst dei Fienb bebwungen.
Un doch is hier von Fienb kein Reb,
Hier deiht 't kein Muurb un Doobschlag geben:
Alläwerall is Freud' un Freeb;
Un All'ns is Luft; un All'ns is Leben. — —

Jehann, hei deiht ben ierften Hau⁵),
Hei meiht⁶) dei Annern hüt vöran;
Strack trett hei an den Roggen 'ran,
Süht nah fien Lag' un kickt genau,
Wo hei'n am Beften faaten kann;
Deiht d'rup dei Seiß noch einmal ftrieken:
„So, nu mit Gott! Nu kumm, Marieken!"
Sien Diern, dei folgt dat Schwad entlang

---

1) Kuurn = Korn. 2) Bülg = Welle. 3) runschen = ranschen. 3) Uhren = Ohren. 5) Hau = Hieb. 6) meiht = mäht.

Un rafft dei Garw un schlingt den Schrank[1]);
Dei Arbeitsluft, dei lett vergeten
Dat Leib, wat ehr dat Härt terreten.
Un nah Jehann'n kümmt Jochen Plahsten,
Un bei lütt Friedrich kümmt dennahsten[2]);
Fiek[3]) Schulten bin'nt; „Diern, spaud[4]) Di doch!
Un wohr Dien Bein! Ik hau Di noch.“
Un denn kümmt Krischan „mit dei Näs',“
Dei is, as ümme, in den Däs';[5])
Sien Achtermann[6]), oll Brümme, seggt:
„Jung, büst nich klauk? wat meihst Du t'recht?
Legg doch Dien Schwab egalemang,
Dat kann jo süs kein Deuwel binnen!“
Up Brümmern folgt oll Havemann;
Dei kann den rechten Tog nich finnen:
Sien Seiß, dei steiht em nich tau Dank.
„„Na, Varre, will 't oll Ding nich stahn?““

---

1) Schrank, von schränken, verschränken, ist eine eigenthümliche
Schlinge, in welche das Korn gebunden wird. Ein fest=
geknotetes Strohband heißt „Seil“. 2) Dennahsten, ei=
gentlich = dann nachher, nachher, darauf. 3) Fiek, Fie=
ken, Abkürzung für „Sophie, Sophiechen.“- 4) spaud =
spute. 5) in den Däs' sin = ohne Nachdenken und Auf=
merksamkeit sein. 6) Achtermann = Hintermann.

Seggt tau em Jochen Reberank,
„„Treck doch den Haken[1], bet heranne!
Na, ik will in Dien Schwad 'rin gahn,
Du nimmst denn nahsten Di en anne.""
Un as bei Letzt kümmt Barre, Toppel,
Dei is kein Fründ von Iel un Hast,
Hei is en ollen tragen Gast[2]
Un meiht verdeuwelt lange Stoppel:
„Dei Läng'," seggt hei, „dei hett dei Last[3];
Ja, meiht Ji man! Man ümme tau!
Mi laat 't mit 't Jagen hübsch in Rauh."

As wenn des Harwsts an 'n Heben hoch
In langen, brangen, schragen Tog[4]
Dei Kraunen[5] trecken in dei Fiern
Un 'runne juchen in dei Welt,
So treckt dei Tog von Knecht un Diern
Sich schrag un juchend äwer 't Feld.

---

1) Zum Unterschied von der Grassense, die einen Bügel hat,
hat die Kornsense zwei gabelähnliche Haken, die zum glät-
ten Hinlegen des Korns dienen. 2) Gast hier soviel als
Gesell. 3) „dei Läng, dei hett dei Last," Redensart
für: eine langdauernde Arbeit macht Mühe, auch wenn
sie nicht sehr schwer ist. 4) Tog = Zug. 5) Kraun =
Kranich.

As bi den Kraunentog' bei Lahmen
Beängstlich zappeln mit tau kamen,
So zappeln, as bei Tog-hentüht,
Dei Hockers[1] ängstlich ân sien Sieb,
Un griepen hier un griepen boa
Un schlepen schwoäre Garben 'ran
Un stuken[2] s' an bei annern an
Un puhsten[3]: „Barre, äwe Joahr
Is doch bei Rögg' ganz hellschen[4] schwoar[5]"

Dei Wewe[6], zappelt un bei Schniere,
Schaulmeiste ok trotz sienen Haust[7],
Rahrmake, Muure un so wiere,
Ein Jeder hett sien Gärben packt,
Sei möten helpen in den Aust[8],
So steiht 't in ehren Cunteract.
Un ganz tauletzt, boa kümmt noch Ein,
Dei is so vörnehm antauseihn;
Man süht, dat hei tau 't Volk nich hürt,

1) Hockers = Aufhocker, welche das Korn in Hocken, Haufen, zusammensetzen. 2) stuken = stauchen. 3) puhsten, eigentlich = blasen; hier = keuchen. 4) hellschen = höllisch. 5) schwoar und schwer werden beide gebraucht. 6) Wewe, Schniere, Rahrmake, Muure = Weber, Schneider, Rademacher, Maurer. 7) Haust = Husten. 8) Aust = Erndte.

Dat, hei dat Ganze kummandirt,
Dat is bei olle Ahrebga[1])
Dei sich all hett so männig Joah
Tum Königriek bit Dörp utsöcht[2])
Un all bei leiwen Kinne bröcht.
Hei kickt so iernsthaft un so wiß,
Ob Allns ok richtig is, as süs;
Bekickt dat Schwad von einen Jeden
Un schient in 'n Ganzen fiehr taufreden,
Hei munstert[3]) sich den ganzen Tog.
Un winkt em sienen Biefall tau
Un grüßt un nickt in stolze Rauh —
Doch let 't binah, as wenn 'ne Pogg[4])
Hei jedesmal bi 't Nicken nimmt —
Hei böhrt so stolz un hoch bei Bein
Un wad't so vörnehm dörch dei Stoppel,
Un as hei an den Letzten kümmt,
Uem doa ok mal eins nah tau seihn,
Schürrt[5]) hei den Kopp: „Nee, Barre[6]) Toppel,
Dien Schwad is mi denn doch tau klein"

---

1) Ahreboa = Storch. 2) utsöcht = ausgesucht. 3) mun-
stern = mustern. 4) Pogg = Frosch. 5) schürrt =
schüttelt. 6) Barre = Gevatter.

Un heſt ok halmt[1]).“ Nee, dat möt nich geſcheihn!
If hew Di alle Joah Ein-bröcht   to
Un hew ſ' von 't beſte En'n utſöcht;
Nee! Awe Joah[2]) doa bring 'k Di Kein!“

Un ümme heite brennt dei Sünn,
Sei ſteiht all[3]) in den Middag 'rin;
Dei Schweit, dei drüppt[4]) von Back un Stiern,
Doch ümme friſch is Knecht un Diern,
Noch lett dei Arbeit Keine ſchliepen[5]),
Blot, dat ſ' mal nah dat Leggel[6]) griepen.
Un Middag is 't, dei Behdklock ſtött;
Dei Seiß up 't Schwad, dei Hark doabi!
Dei letzte Garw ward 'rauneſet't.
Un äwer 't Feld boa kümmt 'ne Cumpanie
Von lütte Etenbrägers[7]) 'raune quöcht[8]),
Dei All dei Ahreboa hett bröcht —
Un lehr 't nich bei, denn dehr 't dei leiwe Gott —

---

1) halmen, Verb., wird vom Mäher geſagt, wenn er einzelne
Halmen ſtehen läßt. 2) awe Joah, = dieſes Jahr. 3)
all = ſchon. 4) drüppt = tropft. 5) ſchliepen = ſchlei-
fen und ſchlüpfen, entſchlüpfen. Hier das Letztere. Die
Redensart bedeutet: in der Arbeit nicht nachlaſſen. 6)
Leggel = ein hölzernes Tönnchen. 7) Eſſenträger. 8) quö-
chen = keuchen; auch huſten

En Jeder dröggt' en Henkelpott¹),
Un börch bei hohen Stoppeln russelt
'T oll lütt Gewes²) un krüppt³) un pusselt⁴)
Dörch 't hohe Krut an 'n Graben=Rand!
Un wesselt⁵) flietig⁶) Hand mit Hand,
Den Lepel⁷) börch dat Knooplock tagen,
So kamen s' 'ran un säuken⁸), fragen:
„Corlin, Mariek? Wo is uns' Fiek?
Wo is uns' Bahre?" — „„Jöching hier! —
Wat?! Ornlich Spickgaus, ornlich Bier?
Ji sünd upstunns⁹) woll hellschen riek,
Un Mutte dei spandirt woll wat?"" —
„Krischäning, an dei Hock, linksch von dit Schwad,
Doa steiht mien Kiep¹⁰) un liggt mien Rock,
Dei bring' mi achte deese Hock. —
Du, dumme Klas, ik segg jo „linkschen;"
Doa achte gliek, doa dicht bi Finkschen!"
Un acht're Hock in eine Reih,

1) Pott = Topf. 2) Gewes' für Wesen. 3) krüppt von kru-
pen = kriechen. 4) pusseln von einer zugleich schwäch-
lichen und mühevollen Hantierung gebraucht. 5) wesselt
= wechseln. 6) flietig = fleißig. 7) Lepel = Löffel.
8) säuken = suchen. 9) upstunns — wörtlich: auf diese
Stunde, d. h. alleweile. 10) Kiep = Kober.

Doa fitten f', Kiepen mang bei Kuei,

In ehre Hand bat schwarte Brodt,

Den Henkelpott up ehren Schoot.

Dat lütte Volk liggt ehr tau Sieb

Un kickt so wiß tau Höcht un füht,

Wo dat unf' Bahre nührig[1]) ett[2]),

Un ob hei woll wat äwrig lett[3]).

„So, Jöching, so!" Da heft dei Grütt

Et üt un gah näh Huus, mien Sähn,

Un fall ok nich!— Dau[4]! Willem Dähn,

Nimm mienen lütten Jochen mit,

Un schmiet't mi nich den Pott entwei!

Da heft Dien Mütz, mien Sähn, nu gah!" —

Bald liggt in Schlap dei ganze Reih' —

Oll Toppel blot exirt[5]) noch nah —

So ruhig liggen f' doa, as ob

Kein Qual sei wecken künn, kein Mäuh,

Dat schönste Küssen unner 'n Kopp,

Dei Arbeit, dei mit Lust vullbröcht;

Dei schönste Deck is b'räwe leggt,

---

1) nührig, etwa: mit großem Appetit. 2) ett, von eten =
ißt. 3) äwrig = übrig. 4) beim Aufrufen für: Du!
5) exiren für exerciren.

Dei jemals up en Schleper lag:
Dei Schatten von en Sommedag.
Dei Klock is twei, vebi bei Rauh:
„Na, Kinnings, nu man werre tau!"
Dei Arbeitsraup beiht Jeden wecken,
Oll Toppel beiht sich noch mal recken,
Un werre runscht 't un russelt 't, rappelt 't[1],
Un werre schläpt 't un löppt 't un zappelt 't. —

Un as dat kümmt tau Vespetied,
Dunn sitt en Poar so still bi Sied,
Jehann is 't un sien arme Diern,
Dei kickt so truurig in dei Fiern.
So sitten sei ne tiedlang Beid,
Hei frögt tauletzt: „Segg, büst Du mäud[2]?"
„„Oh nee, dat sall mi nicks verschlahn[3];
Du hest jo halw mien Arbeit dahn,
Du schmetst Dien Seiß so oft bi Sied
Un rüfelst[4] mi dei Garw tausamen,
Nee, ik künn prächtig mit Di kamen!"""

---

1) rappeln = sich anstrengen. 2) mäud = müde. 3) ver-
m. schlahn = verschlägen, wird meines Wissens nur in dieser
Redensart gebraucht, welche „das soll mich wenig küm-
mern" bedeutet. 4) rüfeln = auf einen Haufen bringen.

Un as s' gewoahrt, dat 't Keine süht,
Dunn leggt s' den Kopp an em heran
Un kickt tau Höcht: „Mien leiw Jehann!"
„Ja, Kind," un straakt sei fründlich äwe,
„Hüt güng dat ornlich in: der Werr[1]).
Süh, kiek mal doa! Doa kümmt uns Herr!"

Dei Jagd geiht up Jakobidag.
Dei Herr kümmt äwer 't Feld heräwe,
Dei Jagdtasch un dei Flint ümbahn,
Un as hei süht den Roggenschlag
So dicht un drang' vull Hocken stahn,
Dunn ward sien Oog so hell un wacht[2]),
Hei 's so vegnäugt, sien Hart, dat lacht;
Hei 's mit dei Arbeit ok taufreden
Un rückt dei Mütz un grüßt en Jeden.
„Hüt is hei fründlich!" seggt Jehann,
„Kumm mit, Marieken, mit heran!
Du möst em bin'n, ick will em strieken[3]);
Un will'n em noch mal birr'n, Marieken."

1) Werr = Wette. 2) wacht = munter, lebendig. 3) bin'n un strieken. Die Binderin bindet den Herrn mit einem Kornband, der Mäher streicht vor ihm die Sense. Der bei uns gebräuchliche Schnittergruß.

„„Oh, gah allein. If nich! If nich!"""

„Ih, hew Di doch nich hewelig¹)!
Wat is 'e los, wat is doabi?"

„„Oh nee, Jehann; oh, gah ahn mi!
Hei deiht't nich, krigt hei mi tau seihn."""

Jehann steiht up un geiht allein
Un grüßt den Herrn un set't den Haut
Woll up den Boom, un strickt so kasch²)
Un behbt sien lust'gen Riemels-gaut;
Dei Herr langt'rinne in dei Tasch
Un halt en Dahle rut un winkt:
„Da, Kinne; weest vegnäugt un brinkt
Hüt Abend mien Gesundheit eins."

Dei Knecht rögt sich nich von dei Stähd:
„„Ach Herr, if hahr 'ne anne Bähd.
Acht Joahr bün 'k nu bi Sei in Deinst
Un ümme hew 'k mi gaut bebragen,
Un äwe mi kann Keine klagen,
If hew mien Arbeit dahu, as Ein,
Un was Sei truu; mien Hand is rein.
If hew all einmal doavon seggt.

---

1) häwelig von häweln = kindisch scherzen; hier soviel, wie kindisch. 2) kasch = lebhaft und dreist.

Un miene Bähd an 't Hart Sei leggt;
Ik kam noch mal. Oh geben S' mi
Doch up den Harwst dat Friegen frie!"
Dei Herr, dei steiht nahdenklich boa:
"Ja, Jehann Schütt, dat is woll woah;
Du büst mi truu un iehrlich west
Un in dei Arbeit büst dei Best;
Indessen doch — bei eigen Lühr,
Dei war'n mi goa tau wähltau dühr¹).
Ik hew mi eimal boarup stemmt²)
Up miene Gäure laat 'k nich friegen,
Wenn ok dei Arbeit mal eins klemmt³);
Ik kann naug Lühr ut 't Fürstlich kriegen.
Un denn is ok kein Hüsung frie."
"„Ja, Herr, wo Batte Brand in is;
Den Ollen nehm ik denn tau mi,
Un 't blew denn Allens so, as süs.""
Dei Herr, dei grübelt, sinnt un steiht,
As wenn 't em würklich nahgahn deiht,
Dat hei em Affchlag geben sall.
Mit einmal äwerst schleiht hei üm,

---

1) dühr = theuer.   2) hier soviel, wie: ich habe meinen Kopf
darauf gesetzt.   3) dei Arbeit klemmt = die Arbeit drängt.

In fienen Harten ftiggt bei Gall,
Unfäker[1] warb fien bärfche Stimm,
Unruhig warb fien düfter Oog;
Hei dacht an 't Füer, wat boa gefcheihn,
Wat hei bi 'n Füerfchien hett feihn,
Un hart un költ wäs 't, as hei fróg:
„Wer is 't denn, bei Du friegen wift?"
„„Oll Bräudten fien Márieken is 't,"
Dei Herr, dei würr vör Bosheit[2] blaß,
Hei rückt dei Flint herüm, as wull 'e
Sei 'runne rieten von dei Schulle,
Un fchmeet den Dahle in dat Grás
Un dreiht fich up den Hacken[3] üm
Un lacht fo gehl[4] mit höhnfche Stimm:
„Nee, fäuk Di man 'ne Anne ut!
Kein Hüfung hew 'k för fo'ne Brut!" — —
Dei Herr is weg; Jehann bliwt ftähn,
As hahr för em dei Blitz 'rin fchlahn:
„„Worüm? — Wofo? — Worüm 'ne Anne?""
Un fchmitt fich an bei Hock heranne.

---

1) unfäker = unficher. 2) Bosheit, meiftentheils im Platt-
deutfchen für Ärger und Wuth gebraucht. 3) Hacken =
Ferfe. 4) gehl, in fcherzhafter Redeweife auch gehlbunt
lachen = verächtlich, höhnifch lachen.

Marieken kickt em truurig an:

„Ik fähr di 't woll, mien leiw Jehann!
Nich woah? Nu is 't woll rein wedi?"
Hei stött ehr Hand ingrimmig weg:
„„Du fährst dat woll? Dei Wohrheit segg!
Wat is 't, wat hett dei Herr mit Di?""
„Du weitst, hei kann mi nich utstahn."
„„Dat is dat nich! dei Wohrheit 'rut!
Hei was somiet, hei hahr dat dahn,
Doch as hei hürt, dat Du mien Brut,
Dunn wull hei nicks miehr doavon weiten.
Nu red un segg, wat sall dat heiten?"" —
So ängstlich seeg fei in sien Oog,
Dei Lippen würren ehr so blaß,
As sei dei Oogen nerre schlog,
Un 't lief' sich äwr 'e Lippen tog:
„Wiel ik em nich to Willen was."
As wenn em dehr 'ne Arre[1]) steken,

---

1) Arre = Otter. Man macht einen Unterschied zwischen „Arre" und „Schnak" (= Schlange). Alle giftigen Schlangen heißen „Arre", alle nicht giftigen „Schnak."—
In dem Volksmunde sagt die „Schnak":
   Ik stek so liesing, as 'ne Ferre,
   Un wat ik stek, dat ward woll werre.
Die „Arre" antwortet darauf:
   Ik stek, ik stek, ik stek dörch Lerre,
   Un wat ik stek, dat ward nich werre.

Flüggt hei tau Höcht; knapp[1) .kann·hei spreken:
„„Wat? — Em tau Willn? — Wer behr dat? —
                          Wer?"""

Un bäwernd seggt s': „Dat was uns' Herr!"
Un reckt den Arm nah em tau Höcht:
„Ach Gott, Jehann! Nu hew ik 't seggt.
Oh, kiek[2) mi nich so düster an!
Ik blew Di truu, mien leiw Jehann.
Hett hei mi 't Leben ok vegällt,
Du blewst mien Einzigst in dei Welt."

Hei reikt ehr nich dei Hand, hei schwiggt;
Den ollen Daniel sien Geschicht,
Dei steiht so schwart vör em un kickt
Em as en Späuk[3), dat nich mihr wikt
Mit stiere Oögen in 't Gesicht.
Bether was 't Arge un Vedruß,
Wat in dat Hart em kient[4) un wuß[5),
Nu waßt doa Haß un grimme Grull;
Bet baben is dat Hart em vull.
Hei dreiht sich üm un fött dei Seiß

---

1) knapp = kaum.   2) kiek = sieh.   3) Späuk = Spuk.
4) kienen = keimen.   5) wuß, von waffen = wuchs.

Un ſchwingt ſei mächtig in den Kreis;

As wenn hei ſich hei ſülben wier,

Dei Sehnen-Draht, dei Gliere Stahl,

Raſ't hei böran, den Tog hendal,

Un Schwad up Schwad ſackt up dei Jer.

As wenn 't em hahr dat Späuk anbahn,

As hahr dei böſe Fiend em packt,

So ſuuſ't ſien Seiß; dat Kuurn, dat ſackt,

As wier dat Füer d'räwe gahn.

Un ob dei Sünn ſo hell ok ſchient,

Vör ſiene Dogen is dat ſchwart;

As lacht doarin dei böſe Fiend,

So lacht dat höhnſchen dörch ſien Hart.

Un doabi is em doch ſo weih,

As wier nu von em Gottes Sègen;

Hei möt! Hei möt dei Knaken rögen[1])!

Meiht jo för twei!

Dei deip em in den Harten ſitt

Un em dörch alle Ahrern ritt,

Dei Grull meiht mit. —

Hei leggt nich mihr dei Seiß up 't Schwad

---

1) Knaken rögen = Knochen rühren.

Un rafft Mariek bei Gärw tausamen; ּ

Sei hast't sich ängstlich mit tau kämen,

Doch endlich steiht ser mäud unümatt;

Dei Hand is lahm, dat Hart, dat flüggt;

Dei Athen geiht, dei Boft, dei stiggt,

Ut ehr Gesicht wickt alle Farw,

So föllt sei dal up ehre Garw,

Un kickt em nah so weih, so frank,

Wo hei henraf't dat Schwad entlang.

Sei denkt an dat weltböne Jvah;

Dunn würr dei Arbeit ehr nich schwoq,

Dunn was sei noch so frisch un stark,

Un 't Blaut flöt lustig dörch dei Ahre

Wo höll s' ehr Schwad, wo schwüng s' dei Hark!

Sei dacht an ehren kranken Vahre:

Herr Gott, wo dit woll All mal endt!

Wo süll dat warden, wenn s' sich lähr¹)!

Dei füs ehr Stütt noch wesen dehr,

Dei hett sich hüt ok von ehr wendt!

Un ach! Allein kann sei 't nich drägen!

<hr />

1) lähr = legte. — „Sich leggen" ist der gebräuchliche Ausdruck für: „krank werden;" vorzugsweise wird derselbe von Kindbetterinnen gebraucht.

Sei dacht annall ehr bitt're Noth
Woher? Woher dat däglich Brodt?
Un üm ehr rüm, wat Gottes Segen!
Wat wuß för Brodt ut Gottes Jer!
Dei Vägel, in bei Luft, bei Diehr,[1]
In Wald un Feld, bei Worm, bei Fisch,
Sei sitten all an Gottes Disch;
So wiet sich blaag bei Heben reckt,[2]
Ehr Mahltiedt is ehr ümme deckt.
Un sei allein, sei süll verkamen?
Sei folgt ehr Hän'n up 't Hart tausamen;
Dat Hart würr still, bei Thranen flöten
Un löß'ten all ehr Ach un Weih;
Sei behdt so heit, sei behdt vör twei;
Uns' Hergott ward sei nich vegeten!
Un wunnefrisch un wunnestark
Steiht s' up un grippt nah ehre Hark;
Dei Arbeit ward ehr werre licht.
Un as bei Abend 'ruppe stiggt,
Un as bei Sünn den letzten Strahl
„Gun Nacht ok, Jer!" heräwe schickt

---

1) Diehr = Thiere. 2) sich recken = sich erstrecken

Uu börch bei schwarten Dannen kickt.
As Allens leggt bei Arbeit, bal
„„So, Kinnings, morrn is of en Dag,""
Dunn geiht s' vöran, hen nah, bei Hock,
Wo dat Geschirr tausamen lag,
Un halt Jehannen sienen Rock.
Un fründlich, as wier nicks gescheihn,
Birrt 's em, den Kittel antauteihn,
Un kickt em recht truhartig an:
„If bün unschüllig[1], leiw Jehann."
Un vör dit helle, lichte Wurt:
Möt all sien schwarte Bosheit[2] wieken;
Hei kickt sei an, as wenn s' em duurt:
„„Na, kumm! Gif mi Dien Hark, Marie-
              ken."" — —

Un as sei börch bei Abendrauh
Bi'n Anne gahn, dat Dörp hentau[3];
Un as bei Mahn in stille Pracht
An 'n Sommeheben 'ruppe treckt
Un mit ben goldnen Finge sacht

---

1) unschüllig = unschuldig. 2) hier wieder mit Zorn zu über-
setzen. 3) hentau = hinzu; wird immer dem regierten
Hauptwort nach gesetzt.

Dei Jer un 't Minschenhart upweckt
Tau Seeligkeit un' säuten Droom[1]),
Dunn süng'n'bei Diérns von'n gräunen Boom,
Worunne twei Verleiwte seeten,
Dei äwe ehr Freuden ehr Leiden begeten.
Un was bei Boom ok nich tau Stähr.
Un flustert 'runne lies' un sacht,
Schient ok bei Mahn nich börch sien Blähr[2]);
So senkt sich doch bei stille Frehr
Herunne ut bei Sommenacht;
Un wat em ierst vertehren wull.,
Dei Haß un Grull,
Dei schwiggt; un sei begeet,
Wat beip ehr in ben Harten seet,
Ehr Elend un ehr Herzeleed[3]).

1) Droom = Traum. 2) Blähr = Blätter. 3) In dieser
   Zusammensetzung wird nie „Hart", sondern stets „Herz"
   gebraucht.

5.

Dei Grull.

Micheeli is 't, dat Feld is kloa;
Dei Auft tau Schick, un werre denkt.
Dei Minsch' all up dat neegste Joah.
Dörch fahle Stoppel lustig drängt
Dei gräune Kleewe¹) sich nah baben;
Dei Wintesaat, dei ward bestellt,
Un werre gräunt up 't kahle Feld
Dei Hoffnung 'rut up Gottesgaben. —

Dei Gäus'²), dei schrie'n, dei Pogg, dei schwiggt;
Dei Wind geiht äwr 'e Haweftoppel;
Dei Metten³) treckt un fülwern⁴) liggt
Ehr sien Gewew up Feld un Koppel.

---

1) Kleewe = Klee. 2) Gäus', Plural von Gaus = Gans.
3) Metten = Sommerfaden. 4) fülwern = filbern.

Un flietig spinnt bei lütte Spenn[1])
Un spinnt sich in ehr helles Sarg,
Un äwe Busch und äwe Barg —
Doahen! doahen! —
Treckt s' 'ruppe nah bei goldne Sünn,
Treckt s' börch bei reine, blaage Luft.
Oh, wer doch künn.
Eins schlapen in so helle Gruft!
Un wenn uns' Herrgott dat nich will,
Un rauh 'k hin düstre Jer eins still,
Denn mügt ik, dat ik frank und frie,
So lang' ik lewt,
Hoch baben schwewt,
As an den Heben treckt bei Wieh[2]),
Un dat ik künn von bäben dal
Up däglich Noth un däglich Quaal
Deip unne mi
Herunne seihn,
Frie äwe Land un Waate teihn! —
Herrgott! Du gäwst mi frisches Blaut,
Du gawst mi hellen, starken Mauth,

---

1) Spenn = Spinne.   2) Wieh, Femin., = Weih.

Du gawst mi Mark, Du gawst mi Knaken:
Taum Eigenbuhm;
Oh, gif mi Ruum[1])!
Dat Anne wull if benn woll maaken. —

So dacht Jehann, as hei boa leeg,
Un äwe em bei Metten tög.
Hei dacht nich d'ran, dat, wat boa lewt,
Of an den ollen Jexborn klewt,
Dat noch kein Wesen funnen is,
Wat nich mit Kähren[2]) bunnen is;
Dat Frieheit is en golden Licht,
Wat nich up Jeren is tau seihn,
Un wat in 't Minschenoog allein,
Wenn 't breken deiht, herinne lücht. — —
Jehann liggt achtr'e Steinmuur werre,
Wo vör en Vierteljoahr hei lag;
All'ns, wat hei süht, dat drückt em nerre[3]),
Un wenn hei in den Heben sach
Un in sien reines Sünnengold
Un äwer'n fiernen blaagen Holt,

Un wenn 't 'em mächtig vörwarts tüht,
Wenn hei bei Schwälken[1]) trecken süht,
Denn fäuhlt hei, dat en schwoar Gewicht
Em hängt an sienen rasche Flücht[2]). —
Wat was hei doch ganz anners worrn!
Wenn süs ok was Vedruß un Zorn
Hell in sien Hart mal upbegährt[3]),
Dat güng vörbi, nu fäuhlt hei, dat
Em Grull un Haß in 'n Harten sat
Un an sien frisches Leben tehrt,
Un dat Vertwiewlung mit sien Lag'
Sich fast un faste üm sien Däg'
Un üm sien jungen Gliere schneert.
Un wenn hei ok mal trotzig rehrt:
„Oh, gif mi Ruum!
Dat Anne wull ik denn woll maaken!"
Denn glöwt sien Hart dat sülben kuum;
Dat 't mal eins änners warden deiht.
Hei süht bei Foahr[4]), hei süht den Haaken
Un süht bei Pietsch; sien Leben steiht
Vör em un süht 'em iesig an,

---

1) Schwälk = Schwalbe. 2) Flücht = Flügel. 3) upbe-
gähren = aufgähren. 4) Foahr = Fahre, Furche.

Un kolt un ieffg ward fien Hart.
„'Ran 'an den Haken! Her den Staart[1])!"
Un vörwarts, raftert[2]) dat Gespann.
„Man ümme jüh[3])! Dei Foahr entlang!
Warft Du mal olt un fchwack un krank
Un kannft den Haken nich miehr räuken[4]),
Denn möt' w' Di anne Arbeit fäuken
För fchlichtern Lohn. Dat is Dien Dank!
Man ümme jüh! Feld up, Feld dal!
All Ding hett jo en En'n enmal.
'Rin in den Sarg! Den Deckel tau!
In 't käuhle Graf, doa findft Du Rauh.
Man ümme jüh! Wat helpt 't Geftähn[5])?
Man ümme jüh! Un denn för wen?"
Wo blitzt un dunnert dat in fien Hart!
Wo reet[6]) hei herümme den Haakenftaart!
Wo reet hei herute dei harte Schull[7])!
As wenn hei 'n Graf hier graben wull.

---

1) Staart, hier = Haakenfterz. 2) raftern = raffeln 3) jüh!
Ein Ausruf, der bei'm Antreiben des Zugviehes gebraucht
wird 4) räuken = regieren, handhaben. 5) Geftähn =
Geftöhne, Klage. 6) reet, von rieten = riß. 7) Schull
= Scholle.

„För wen? För wen? — Du, Hund, för Di!
Oh, still doch, Hart! Man ümme jüh!" — —

   As hei dei Kawel[1]) ut hett haakt,
Un as hei Fieerabend maakt,
Dunn kümmt Marieken antaugahn.
Sei hett den besten Dauk[2]) ümbahn,
Ehr Gang is rasch, ehr Bussen flücht,
Ehr Back is roth, ehr Oog, dat lücht. —
„Wo willst Du hen? Wat hest Du vör?" —
„„„Dei Möllefruu is bi mi west,
Dei redt mi fründlich tau un sähr:
Sei glöwt, dat wier för uns dat Best,
Wenn if unf' Fruu mal bibben behr;
If süll ehr recht an 't Hart mal leggen
Un süll 't ehr recht beweglich seggen,
Wo uns dat güng, denn meint sei, behr s' 't.
Un wenn Du em denn nochmal behrst. . . . .
Wat kickst Du mi so düste an?
Sall if dat nich? Is Di 't nich mit?"""
„Ih, nee. — Worüm? — Nee, dauh Du 't man."
„„„Ach wenn Du wüßt, mien leiw Jehann,

---

1) Kawel = Loos, Maaß, pensum. 2) Dauk = Tuch.

Wo mi dat bang vör 'n Harten sitt,
Dat if boa nah bei Fruu sall hen!
Un doch 'is mi tau Mauth, as wenn
Nu ann're Tieden för uns kamen.
Paß up, Jehann, nu breckt sich 't Weere¹)!"
Sien Hand up ehre Schulle lähr'e²)
Un seggt tau ehr: „Nimm Di tausamen!
Hoff nich tau vähl un törn³) Dien Haft!
Dat kann tauwielen: anners kamen;
Un kümmt dat anners, denn stah faft!
Hürst Du? Dei Tähn tausamen bäten⁴)
Un wenn s' Di ok dat Härt utreeten!" —
„„Ach hahrst Du doch bitmal nich Recht!"" —
Sei geiht un fteiht nochmal un frögt:
„„Wo treff 'k Di nahst⁵)?"" — „As füs,
                        Mariek;
Bi 'n Fleereboom⁶) an 'n Mählenbief." — —

„„Gu'n Abend of,"" seggt Daniel
Taur' Möllefruu. „„Hüt gift 't noch wat."" —

---

1) Weere = Wetter. 3) lähr 'e = legte er. 3) törnen =
aufhalten, bändigen. 4) bäten = gebiffen. 5) nahft =
nachher. 6) Fleereboom = Fliederbaum. Mit „Fleere"
wird indeffen nicht der Flieder, sondern der Hollunder
bezeichnet. Der Flieder heißt: „span'sche Fleere."

„Ih, in den Nurden is 't noch hell." —

„„Ja, 't schadt em nich, dat föllt all natt.
Hüt Abend dehr bei Sünn nich dägen[1]);
If glöw, wi kriegen vählen Regen."" —

„Dat wier nich gaut; dat Dack, dat is
Nich dicht in besen ollen Kathen[2])" —

„„Na, möten 't mal eins nahseihn laten.
So wahnen S' friélich nich, as füs.
Wenn ward dat niege Huus denn fahrig[3])?"" —

„Ach Gott, dei Arbeit geiht so tahrig[4])!
Martini meint jo mien Gesell. —
Wat was 't för 'n Füer, Daniel!"

„„Ja, dat was dull. Na, if seet jüst
En bäten up mien Fauberkist
Un dacht an nicks, dunn hürt if Lärm...."" —

„Ach Daniel, if, dat Gott erbarm!
If stünn un wüßt nich, wat if dehr;
If was verbaas't[5]) un leep un rönnt,
Un wenn Jehann nich was tau Stähr,

---

1) dägen = taugen. 2) Kathen = Tagelöhnerhaus, 3) fah-
rig = fertig. 4) tahrig, von tahren = necken, durch
Necken stören. Tahrig wird daher von einer Arbeit ge-
sagt, wenn dieselbe durch allerlei kleine unvorhergesehene
Zwischenfälle im Fortschreiten gehindert wird. 5) ver-
baas't = verdutzt, vor den Kopf geschlagen.

Mien Korb, dei wier verbrennt, wier rein ver-
brennt.“ —
„„Dei wier vebrennt, Fruu Rosenhagen.““ —
„Dei wier vebrennt! — Ik hewt vesöcht
Un wull em giern mien Schuld afdragen;
Doch weit Hei, Daniel, wat hei seggt?
För Geld dehr hei den Hals nich wagen.“ —
„„Ih, doamit is em ok nich deint[1]).
Kümmt 't mit sien Hüsung nich tau, Schick,
Denn ward 't mit em en dulles Stück.
Sien arm Marieken sitt un weint;
Sei weiten doch . . . .?““ — „Ih, woll Ik weit;
Ik was vör'n Bäten jo noch doa
Un fähr tau ehr: „Ih, sitt un roa!“
Sähr ik, „kumm, maak Di up dei Fäut,
Wenn Hei nich will, denn gah nah Ehr[2])
Un stell Ehr dat mal ornblich vör,
Du sallst mal seihn“, sähr ik, „Sei deiht 't.“ —
„„Sei is ok hen nah Ehr; sei güng,
Grar as dat an tau schummern[3]) füng,

<hr>

1) deint = gedient. 2) Hei un Sei wird auf gleiche Weise
von jedem Ehepaare gesagt; vorzugsweise jedoch wird
damit der Herr und die Herrin bezeichnet. 3) schummern
= dunkelwerden; vom eintretenden Zwielicht gebraucht.

Dwas äwer'n Hof. Dat hett sei dahn."" —
„Wo? Kümmt sei doa den Weg nich her? —
Du! — Hür ....!" — „„Oh nich! Oh laaten
S' gahn!
Wer weit, ehr is dat Hart woll schwer.
Mi dücht binah, in 'n Düstern kann en
Ehr anseihn, wat dei Fruu[1]) ehr sähr.
Nee, laaten S' gahn! Sei föcht Jehannen,
Dei steiht all up sien olle Stähr
Un luurt. Dei armen jungen Lühr[2])!""
„Ja, Daniel, dat 's en groot Mallür!"
„„Wat wull dat nich, Fruu Rosenhagen! —
Wat helpt dat All? Sei möten 't dragen. —
Gun Nacht! Ja 't was en gruuglich[3]) Füer.""

'Ne schwart Gestalt, dei wankt vörbi
Un schlickt so lies' entlang den Diek[4])
Nah 'n Fleerebusch. — „Büst Du 't, Mariek?"
„„Ik bün't Jehann."" — „Wat sähr S' tau
Di?" —

---

[1]) Dei Fruu, uns' Fruu und, wie oben bemekt, Sei, sind die
gewöhnlichen Bezeichnungen für die Herrin. [2]) Lühr =
Leute. [3]) gruuglich = graulich und gräulich. Hier das
Letztere. [4]) Diek = Teich, Weiher.

Sei set't sich up en Stubben¹) bal
Un treckt den Dauk sich äwer 'n Kopp;
Hei frögt dat Sülw'ge noch einmal,
Süht in dei Nacht herin, as ob
Dei Nacht em Antwurt geben süll;
Doch Allens schwiggt, dei Nacht is still. —
„Marieken, kumm un antwurt mi!
Wes man getröst! Wat sähr is' tau Di?"—
„„Dat weit ik nich, ik weit man blot,
Dat wi verlur'n up ewig sünd,
Un dat dat Kind in mienen Schoot. —
Ach Gott, Jehann, mien armes Kind! —
Verflucht dörch uns're Sünnen is.
Dat hebb'n Sei seggt, dat weit ik wiß,
Dat bruus't mi noch dörch miene Uhren.
Ach Gott, Jehann, All drei verluren!"" —
„Wat? Glöwst Du dat? — Wer hett Di
                              seggt? —
'Ne Fruu, dei sich up 't Bäden leggt
Un fram is worrn in alle Jel²),
Wiel dat s' nicks Bäteres versteiht.

---

1) Stubben = Baumstumpf. 2) Jel = Eile; ein anderes
   Wort „Jel" = Egel, Blutegel

Dei Dart ward fram. ut Langewiel;
Dat weit if of, wat so Ein weit;
Un if segg Di, dat is nich woah,
Dat is nich wierth, dat Ein drüm roa."
„„Sei was bei Jerst[1]), bei mi ben Bäker[2])
Vull Schimp un Schän'n tau schmecken geew,
Em vull göt, bet hei äwedreew[3]);
Un ach! Jf glöwt un hofft so säker.
Sei geew mi all bei schlichten Wür[4]),
Sei hett mi 't seggt, wo 't mit mi wier,
Sei hett mi 't seggt, wo 't mit mi kehm,
Un wat dat för ein En'n eins nehm."""
„So? Hett s' Di 't seggt, mien arm Marieken? —
Sähr s' Di denn goa nicks von bei Rieken[5])
Un von bei Herrn in unsen Lan'n?
Vertellt s' Di nicks von bei ehr Schan'n?
Un sähr s' Di nich, dat bei bei Sün'n,
Dei wi ut reine Leiw begahn,
Un wiel wi uns nich friegen kün'n,
Ut pure Schändlichkeiten bahn?
Dat ganze Dörp sünd vegift't?

---

1) Jerst = Erste. 2) Bäker = Becher. 3) äwedreew =
übertrieb. 4) Wür = Worte. 6) riek = reich.

Un wo? bei Tucht is unnegahn,
Tat boa bei Herrn bat angeftifft't?
Dat wi 't mit Elend büßen möten,
Wenn wi mal Gottes Wurt vegeten?
Un unfe Herren blöt mit Geld?
Dat. fähr f' Di nich?— Denn fähr f'. Di nicks',
Un Lägen¹) hett feit Di vetell't." —
„„Nee, nee, Jehann, fo kann 't nich fin.
Unf' Herr Paftur, bei was boabi,
Dei redte-juft fo up mi in:
Dat Richtigft wier för Di un mi,
Dat w' öffentlich för bei Gemein
Vör 't Altoa up ben Schandftaul²) feeten,
Wiel dat wi 't fößt³) Gebot vegeeten.
Un wat hei bauhn kühn, füll gefcheihn,
Dat bei oll Mohd keem werre up;
Un if füll benn taum ierften 'rup."" —
„Dat fähr bei Paap? Hoho! Hoho!
Dat würr en Spaß, dat würr 'ne Luft!" —
„„Oh Gott, Jehann, oh lach nich fo!"" —
„Hoho! Hoho! Dat wier bat juft,

---

1) Lägen = Lügen 2) Schandftaul = Schandftühl, Bußfche=
mel. 3) fößt = fechsfte.

Wat Knecht un Herrn maakt werre gliek.
In 'n Leben sünd wi Arm un Riek.,
Vör 't Altoa is dat richtig Fläch[1]),
Wo gliek wie weest sünd männig Dag.
Un deiht 't nich mihr uns' Religon,
Denn mag dei Schimp un Schan'n dat dauhn.
Sei kriegen Wien un Brodt apart,
Wiel dat för uns ehr ekeln ward;
Dei Schandstaul äwerst wier uns gliek.
Hoho! Hoho! Lach doch Mariek!" —
„„Oh laat dat! Du versünnigst Di."" —
„Versünngen? Ik? — Wo denkst Du hen? —
Wiel 'k 't Kind bi 'n rechten Namen nenn? —
Ik red man von dei Preisterie;
Ik red nich gegen Gotts Gebot,
Doa steiht nicks in von so 'ne Mohd,
Doa steiht vähl Gaubs för Arme schräben,
Un dat uns' Herrgott vähl vergeben." —
„„Uns' oll Herr Paster hahr 't nich dahn,
Dei hahr mi nich so schrecklich richt't,
Dei hahr en Hart uns tau verstahn.
Oh, dat dei unn're Wrausen[2]) liggt!"" —

---

1) Fläch = Fleck, Stelle. 2) Wrausen = Rasen.

„Ja, bei was brav; ja, .bei was gaut, .
Dei hahr nich mit den Schandstaul brauht[1].“⸗
„„Dei hahr mi. in 't Gewissen redt,
Un hahr mit mi· un för mi behdt.““.—
„Dei hahr en Hart für arme Lühr.“ —
„„Oh, dat dei bi uns bleeben wier!.
Nu hew if unne Gottes Sünn
Un up dei wiede Welt nich Einen,
An den'n sien Hart if mi utweinen,
An den'n sien Knei· if bichten künn.
Ach, if hew Keinen, Keinen, Keinen!““. —
„If un Dien Vahre fünd Die truu,
Wi stahn noch ümme fast bi Di.“ —
„„Mien Vahre .is,.kein Trost för .mi .—
Du weitst worüm, Jehann — un Du . . . ..““ —
Hier steiht sei up, .fött sienen Arm —
„„Dien Hart schlog woll eins weif un warm·
Un was för mi bei säkerst[2]) Lahr[3]);
Un wat if up den Harten hahr,
Mien Denken all un all mien Dauhn,
Dat küun boa woll un ruhig rauhn.

Doch dat 's vörbi, dät is nu west;
Dien Hart beharbargt änne Gäst,
Dei känen miene schwacken Klagen,
Mien Noth un Jamme nich verdragen."
„If bün Di, wat if ümme was,
Kannst woll in mienen Harten rauhn,
Un rögt sich in mi Grull un Haß,
So hebb'n s' doch nicks mit Di tau dauhn."
Sei drückt sich faste an em 'ran:
„„Laat fohren Haß un Grull, Jehann!
Mien Hart, dat is bet baben vull
Von bange Noth un bitt're Quaal,
Doa is kein Platz för Haß un Grull.""
Hei set't sich up den Stubben dal
Un treckt sei sacht up sienen Schoot
Un tröst't un minnert ehre Noth,
Un rings ümher
Liggt schwart un schwer
Dei düst're Nacht
Un fluftert sacht
Un süfzt börch 't Ruhr[1])

---

1) Ruhr = Rohr.

Un börch ben ollen Fleereboom
Un börch bat Läusch¹) an 'n Waaterſoom;
Un 't Regenſchuur,
Dat 'ruppe tüht,
Glitt ſingend äwer 't Waater hen,
As ſüng bei Nacht en Truuerlieb,
Un weint ſo ſacht herun, as wenu
Sülwſt ſchwarte Nacht ſich barmen deiht
Uem 't Minſchenhart un üm ſien Leib.

---

1) Läuſch = Schilf.

6.

Dei Luft.

Hubertusdag steiht in den Klenne¹),
Un in dei Bucht²) ein Viertheinenne³),
Dei is doa forgsam faurert⁴) worrn
Un fall — so seggen S' — heran vemorrn⁵)
Un fall hüt loopen vör dei Hun'n.
Natt is 't von Baben un von Un'n;
Dei Daak liggt gries up Dörp un Feld;
Dei Sünn kickt 'runne up dei Welt,
As wull s' hüt goar nich ut dat Bedd,
Un kickt so mäud börch dei Gardinen,
As hahr s' 't sich in den Kopp 'rin set't:
Hüt künn ok woll en Anne schienen,

---

1) Klenne = Kalender. 2) Bucht = Umzäunung. Das Wort
hat stets den Nebenbegriff, Theil eines Ganzen zu sein.
3) Viertheinenne = Vierzehnender. 4) faurert = gefüt-
tert 5) vemorrn, auch: vemorrntau = heutemorgen.

Natt is bei Jer, bei Luft, bei Schall;

Dei Döscheschlag[1]), bei klappt so stump,

Un af un an is ut den Stall

En Bröll'n tau hür'n, dat klingt so dump,

As wier 't oll Veih in beipen Droom

Un brömte von den gräunen Boom

Un von bei Weid un von dat Gras,

As 't Frühjoah un as 't Sommer was,

Un bei oll Bull, bei lümmelt[2]) mang,

As wier in'n Stall em nicks tau Dank.

Dei ollen Wiewe schwingen Flaß[3])

Un sitten up bei Schaapstallbähl[4])

Un kieken mäud un schleeprig 'rut

---

1) Döscheschlag — Drescherschlag. — Jetzt kommt wohl nur hauptsächlich der Zweischlag vor; in früheren Zeiten redete man von Dreischlag und Vierschlag; ja, auch des Sechsschlages erinnere ich mich. 2) Wenn der Bulle nach seinem Jauchzen noch still vor sich hin brummt, so nennt man dies: lümmeln. Der Kinder-Singsang lautet:

„Lümmel, Lümmel, Lepelstähl,
    Unse Jakob frett so vähl."

An andern Orten giebt es eine Variation, welche heißt:

„Rühr, rühr Lepelstähl
    Unse Jakob frett so vähl."

3) Flaß = Flachs. 4) Dähl = Diele, Flur.

Un seihn as Uhlenküken¹) ut

Un klappen, klätern²); plätern vähl,

Doch hürt 't sich so verdraten³) an,

As wenn Ein müggt un nich recht känn;

Dei Lust, dei fehlt, dei helle Schlag,

As früher an den Brakelbag⁴).

Dei Manns⁵), bei bragen ut bei Schün

Ehr Döschebund nah bei Maschin⁶);

Luut burrt tau Höcht dei Sparlingsschauw⁷).

Un maakt 'ne Schwenkung ierst tau Prauw⁸)

Un wackelt up' un wackelt dal,

Maakt halwe Schwenkung noch einmal

Un schmitt sich up en anne Flach,

Tau seihn, ob doa von Gottes Seegen

För ehr 'en Bäten äwrig lag.

Dei Nebel föllt; en fienen Regen,

---

1) Uhlenküken = Eulenküchlein, junge Eulen. 2) klätern un
plätern, Beides in übertragener Bedeutung = klatschen.
Eigentlich heißt: „klätern" einen klappernden Ton hervor-
bringen, und „plätern" — nur vom Spielen der Kinder
im Wasser gebraucht — patschen, panschen, klatschen. 3)
verdraten = verdrossen. 4) Braken = Flachsbrechen.
5) Manns = Männer. 6) Häckerlingmaschine. 7) Schauw
= Schwarm; aber nur vom kleinen, wilden Geflügel ge-
braucht. 8) Prauw = Probe.

Dei fiſſelt!) 'runne as en Faden,
Un wo em was en Löckſchen baden²),
Doa maakt hei ſich noch mal ſo dünn,
Un fädelt ſich allmählig 'rin
Un bohrt ſich 'run bet up dei Huut
Un jögt dat Bäten Wärminß' rut;
Dat Ein 't mit Tähnenklappen krigt,
As wenn man in 't koll Fewer³) liggt.
Dei Hoffhund krüppt in ſiene Hütt,
Un dei oll ſchawwige⁴) Kapuun
Krüppt einſam unner'n Goahrentuun.
Dei Hahn mit ſiene Häuhne ſitt
In einen Klumpen unner'n Wagen;
Hüt Morgen hett hei noch ſo kreiht⁵),
Nu ſitt hei as up 't Muuhl geſchlagen,
Un wenn hei mal wat ſeggen deiht
Un ſcheif den Kopp tau Höchten böhrt,
Denn ſeggt hei blot: „Ik ſähr 't, ik ſähr 't,
Wi kregen Regen, kregen Regen.“

1) fiſſeln, von einem fein ausgefranſten Gewebe und einem
feinen Regen gebraucht. — Fiſſelig, d. h. halb betrunken,
könnte man mit „angeriſſen“ überſetzen. 2) baden =
geboten. 3) koll Fewer = kalte Fieber. 4) ſchawwig =
ſchäbig. 5) kreiht = gekräht.

Un ein oll Hauhn, dat seggt doagegen:
„Kein Stück an 'n Heben bleeben kloa!
As Mehlgrütt dick!
Is dit en Stück!
Natt sitt if boa, nu, nu, nu roa!"
'T is All'ns vedreitlich, Gaus allein
Steiht still vegnäugt up einen Bein,
Behaglich pliert¹) s' in 't Weere 'rin
Un in dei dicke Regensupp
Un kickt nah 't Ahrboars = Nest herup:
Wo dei oll Burs nu woll müggt sin,
Un wo dei woll herümme tög?
Un keek sich üm, ob Schwälk noch flög:
Wo dat oll fipprig²) Ding woll wier?
Un fähr nich vähl, dacht besto mihr,
Dacht an dei schöne Grabenburd
Glick linkschen achtr'e Goahrenpurt,
Ob't boa viellicht nich Gras noch gaf,
Un wucht't sich up un wackelt af.
Un dei oll Ahnt³) kümmt ehr entgegen

---

1) plieren = mit einem halbgeschlossenen Auge sehn. 2) fipp-
rig = unstät. 3) Ahnt = Ente.

Un rätert[1]), plätert wat tau recht,
Un beiht sich goa tau höflich rögen
Mit 't Achtedeil, as Gaus ehr frögt:
„Bör'n Duhr is 't woll sihr natt? Wat? Wat?"
Un seggt mit höflichen Geschnater:
„„Ja, Gnaden Gaus, schön natt, schön natt!
Un böhr'n S' tau Höcht ehr leiwen Röck.
Doa 's nicks as luuter Waater, Waqter,
Un wat noch fast is, dat is Dreck."" —

Oll Daniel steckt sei Näs' herut
Un süht nah Baben hier un doa:
„Ih," seggt hei, „'t süht all klütrig[2]) ut,
Un achte Dam'row ward't all kloa.
Ik glöw, wi kriegen hüt noch Weere[3]).
Un west parat! Un paß ein Jere
Gaut up, sei Prier herut tau lerrn[4])!
Sei waren s' glief herup bestell'n

---

1) rätern = ununterbrochen vor sich hinschelten und schnattern.
   2) klütrig von Klut = Kloß, von Flüssigkeiten ge-
braucht; daher mit „geronnen" zu übersetzen; von festen
Körpern sagt man kluutig. 3) Weere bedeutet vorzugs-
weise: gutes Wetter. 4) lerrn = leiten, führen.

Un wenn s' nich boa fünd, künn hei schell'n;
Hüt is kein Spaßen mit den Herrn."

Dei Sünn brekt börch. Dei Herr, dei röppt,
Ein Jere schirrt un beiht un löppt,
Un Daniel lerrt den Hingst herut;
Dunn kümmt Marieken hastig an
Un süht' so bang' und ängstlich ut
Un frögt den Oll'n: „Wo is Jehann?" —
„„Dei Knechts, dei halen Holt vemörrn."" —
„Ach, Daniel, mi 's so angst un bang'n;
Mien Vahre is so krank mi worrn,
If hew nah'n Doktor so'n Verlang'n,
Ach, Daniel, birr Hei doch den Herrn,
Dat hei den Doktor halen lett."
„„Ja, gah man — laat Di man nich perrn[1])!
Segg'n will 'k 't em woll. Un täuw man hier!
Wenn hei man sienen Gauden hett."" —
Dei Rüters schwenken sich tau Pier,
Dei Herr sich up den Schimmelhingst;
Oll Daniel steiht un höllt den Bägel:
„„Wenn d' dit doch mal recht klauk anfüngst!""

---

1) perrn = treten.

Denkt hei un fuschert[1]) an ben Tägel .....
Un fummelt[2]) rüm an bei Kandarr. ....
„Was hat Er noch, Er alter Narr?" —
„„Den Dokter möt w' woll halen laaten?"" —
„Was? Doktor?! Was?! Ist Jemand krank?" —
„„If kreeg den falschen Toom tau faaten."" —
„Das frag ich nicht. Wer ist denn krank?" —
„„Jh, in den Stall is, Gott sei Dank!'
Nich tau verreden[3]), All'ns gesund;
Oll Brand is blot so up'ben Hund,
Un dunn dacht if....."" — „Das Denken lass' Er!
Was Er auch denkt, ist einerlei.
Mit Brandten ist es doch vorbei;
Stellt vor sein Bett ein Eimer Wasser
Und vor ihn legt ein Bündel Heu;
Der Doktor wird ihm doch nichts nüh."
Un lachte äwe fienen Wih,
Rehr[4]) ut dat Duhr bei Annern nah.

---

1) fuschern, von einer Handtierung gebraucht, die man nicht
sehen lassen will. 2) fummeln, von einer Handtirung ge-
braucht, die man nicht fertig kriegt. 3) nich tau verre-
den = nicht zu verreden; eine allgemein gebräuchliche cap-
tatio benevolentiae gegen Zauberei und den Neid der
bösen Geister 4) rehr = ritt

Dat Hurn dat schallt: Trarah, trarah!

Dei Hingst, dei vöömt sich för Gewalt,

Dei Hund, dei jault, dei Pietsch, dei knallt;

Oll Gnaden Gaus, dei retürirt

Un buttert[1] 'rüm un krîscht för Schreck,

Sei hett so bägern[2] sich vesiert.

Hell lüchten in den Sünnenstrahl

Dei roben un dei gräunen Röck.

So treckt bei Tog dat Feld hendal

Nah 't Rangbewuh. Un Ann're kamen,

Von allen Sieden kamen s' ran,

Un sünd so lustig All tausamen

Un segg'n sich fröhlich gauden Morrn:

„Wat süll dat för 'ne Lust hüt waren,

Wenn s' em ierst vör dei Schweepen[3] hahren!"

Dei Mähren stampen up den Born,

Dei Nüste blös't, dat Dog, dat blitzt;

Dei Hun'n, dei gnurrn sich an un schulen[4]

---

1) buttert = klopfen, stampfen. 2) bägern, adv = heftig.
3) Schweep = Peitsche. 4) schulen = von unten auf
ansehen, mit dem Nebenbegriff des Neides; mit dem Ne-
benbegriff des Hasses wird „glupen" gebraucht.

Nah Köteroart, gnittſchäwſch,[1]), vergritzt[2]),
Un zawwern[3]) 'rüm un bläken[4]), huhlen,
Bet Ein bei Pietſch tau faaten krigt.
Un dat Gezauſte[5]) all beſredigt
Un bei Moral von bei Geſchicht
Ehr üm bei Uhren 'rümme predigt.

Dei Hirſch is los! Hei ſteiht un dreiht,
Den Kopp tau Jer ſich in bei Run'n;
En Bäwern börch bei Glieber geiht,
Hei ſüht bei Jägers, ſüht bei Hunn,
Hei ſchmit 't Geweih up ſiene Schuſt[6])
Un wind't un ſichert[7]) börch bei Luft.
In ſienem Oog bei Sünnenſtrahl,
Dei Frieheit rings up Barg un Dahl,
Dei Frieheit un dat Sünnengold,
In blaage Fiern bei luſt'ge Holt! —
Hei 's frie! Hei 's frie! — En mächt'gen Satz! —
„Halloh! Halloh!" — Los geiht bei Hatz!

1) gnitſchäwſch, von Gnitt = Krätze, Grind, und ſchäwſch
=ſchäbig hier in übertragener Bedeutung ſowiel als:
neidiſch. 2) vergritzt = innerlich ergrimmt. 3) zawwern
= biſſig umher zanken. 4) bläken = bellen. 5) Ge-
zauſte = lautes Zanken. 6) Schuſt = Widerriſt. 7)
Weidmannsausdruck = wittern.

Dörch gräune Saat un griese Stoppel,
Dörch Busch un Feld un Wisch[1] un Koppel.
Hei 's frie! Hei 's frie! — Doa kümmt 'ne Heck.
Wo set 't hei an! — Hell b'räwe weg!
Un achte her folgt bät Geläut,
Dei ganze, scheck'ge Kötermäut,
Un krüppt hendörche, jichernd[2]), jaugelnd,
Witt, bunt un bruun herüm krawaugelnd[3]). —
Dei Hirsch, dei flüggt; dei Pietsch, dei knallt;
Dei Herr vöran, dei Annern nah;
Dei Hingst dei stiggt; dat Hurn, dat schallt:
„Wat Friebeit hier? — Trarah! Trarah!
Wi sünd dei Herrn, wi sünd dei Frieen,
Laat' 't doch dat Pack noch Frieheit schrieen!"
Noch schütt hei furt, noch is hei frie
Un lacht up all dei Köterie,
Doch schwack un schwäcker ward sien Loop,
Un enger schneert sich 't Nett tauhoop[4])
Un twischen Gräben, twischen Muur,
Doa ward hei stellt un senkt 't Gehürn;

---

1) Wisch = Wiese 2) jichern — keuchen. 3) krawaugeln;
das Iterativum von „krawweln" = kriechen. 4) tauhop
= zusammen.

Doa schallt 't Hallalli em in 't Uhr',
Dat helle, lichte Dog ward trüw,
Weck¹) seggen, dat dat Thranen wieren —
Un wieren 't Thranen, wier 't kein Wunne. —
Ji, Köter all, bliewt em von'n Liew!
Nehmt Jug in Acht! Dat Hurn dat schlitt. —
So geiht dei goldne Frieheit unne,
Mit Hun'n ward sei tau Dode hitt.
Wat is doch twischen Muur un Graben
För goldne Frieheit all begraben! — —

„Ih wat!" seggt Buuer Schwart tau Witten,
As s' sacht den Weg entlanken führen,
„Wat hest Du 'rüm tau spinkeliren²)
Nah dei oll Jagd? Willst, Deuwel, sitten!" —
„„Ih, hier führst Du jo doch man Schritt,""
Seggt tau den Ollen Varre Witt,
„„„Kiek, wo dat Volk sich afmaracht³),
Un wo sich dat All lewig rögt! —
Stell Di doch ok mal blot tau Höcht!""". —
„Ih wat! Ilem so'n oll Hasenjagd,

<hr>

1) Weck = Welche, Einige. 2) spinkeliren = speculiren d. h.
umherschauen. 3) afmaracht = abquält, sich bis zur Er-
schöpfung anstrengt.

Doa war 'k mi väßl noch afstrapzieren! —
Nee, wenn D' wat seihn willst, süllst mal seihn,
Wenn s' richtig Stäwelschiet[1]) mal rieren;
Doa gelt dat doch noch Arm un Bein." —
„„Na, schön is 't doch! — Süh, Varre, kiek!""
Röpt Witt un kloppt sich up dei Hosen,
„„Ik wull, ik wier entsahmten riek,
Denn wier ik börch mit all dei Schosen.
Mi mein ik sülwst — vestah mi recht —
Ik wier denn riek, dat heit as ik."" —
Schwart kickt em bwaslings[2]) an un seggt:
„Na, Varre, dat wier mal en Stück!
Wullst Du denn Stäwelschiet mit rieren?"
„„Ih, Gott bewohr! Nee, Varre, führen!
Vier Schwarte vör, un ümme up un dal!
Dei Landstraat ümme up un dal!
Blot dei Vertehrung, glöw mi, is t',
Wenn Du mal riek eins warn süst[3]),
Dat Eten, Drinken un dei Staat,
Blot dei Vertehrung, nich dat Rieren[4]).
Un mit den Staat würr 'k woll parat,

---

1) Er meint „steeple chase". 2) bwaslings = überzwerg,
verqueer. 3) süst = solltest. 4) Rieren = Reiten.

Un dei Vertehrung wull 'k woll liehren[1]) —
Ach Gott, wat hebb'n w' nu up dei Welt?
Kein Eigenbauhm, kein Recht, kein Geld
Un blot en schmucken Hümpel[2]) Kinne."''' —
Ol Schwart kickt in dat Stroh herinne
Un grifflacht[3]) vör sich hen un seggt:
„Ih, Varre, Du redst ungerecht.
Twors Eigenbauhm, dat hebb'n wi nich,
Un mit uns' Recht is 't tägerig,
Un an uns' Geld, doa säl wi just
Dei Fingern uns nich blaag an maaken;
Doch hebb'n wi noch recht schöne Saaken:
Des Sommers Warmniß[4]), Winters Frost,
Des Daags frie Lüchtniß[5]), up dei Nacht
Frie Schlapen, wenn wi schlapen känen,
Un alle Joah dei schöne Pacht
Un bi 't Betahlen friees Stähnen[6])
Un denn noch af un an en Posten
Gerichts= un wat noch süs för Kosten

---

1) liehren = lehren und lernen; hier das Letztere. 2) Hüm-
pel = Haufen. 3) grifflachen = heimlich, hämisch lachen.
4) Warmniß = Wärme. 5) Lüchtniß = Erleuchutng.
6) Stähnen = Stöhnen, Klagen.

Un denn — un denn — den Herrn Droſten.
Bet jetzt hahr w' ok noch frie Vernunft,
Doch bei 's nu in dei Krümp 'rin gahn;
Unſ' Paſter un ſien ganze Zunft,
Dei is boa nich mit inverſtahn.
Un boarin weit 'k mi nich tau rahren,
Denn wat unſ' Landroſt is, dei ſeggt:
„Wenn blos Vernunft die Bauern hahren
Un bloß 'ne Art Verſtand davon,
Denn kehm das Allens richtig t'recht,
Denn konn das mäglich ſin, denn konn
Das mal mit ſie eins nüblich waren."
Un wat unſ' Paſter is, dei ſeggt:
Wi ſälen glöben, Varre, glöben
Un dei Vernunft gefangen geben." —
„„Dat ſäl wi? — Nee dat dauhn wi nich!
Nu kiek mal an! Wat denkt hei ſich?
Wo? Dei Vernunft wier afgeſchafft?
If hauſt¹) in 't Amt un all dei Herrn
Un in dei ganze Ribberſchaft;
If laat mi an dei Näſ' nich lerrn

---

1) hauſten = huſten.

Un laat mi von kein Schaap nich bieten,
Ik dauh mi up den Jüchstock¹) schmieten
Un will dei Herrn....'''' — „Heda! Er! Bauer!
Oh, bieg Er hier mal um die Mauer
Un nehm Er uns den Hirsch mal mit!" —
„„Dau! Firing²)!"" röppt oll Witt un ritt
Dei Tägel Schwarten ut dei Hän'n
Un fängt an üm dei Muur tau wen'n. —
„Dat nennst Du up den Jüchstock schmieten?
Un willst dei Herrn....?" — „„Ih, Barre, red!
Sei sünd so höflich in ehr Bähd,
Un denn is 't ok 'ne grote Ihr³)."" —
„'Ne grote Last för miene Pier!"
Brummt in den roden Boart oll Schwart,
As em dei Hirsch upladen ward. —
Dei lust'ge Jägetog, dei treckt
Nu nah den Hof taurügg vöran;
Oll Witt, dei sitt un windt un reckt
Den Kopp grar as en Hampelmann;
Set't bald sich dal, bald steiht hei up

---

1) Jüchstock = Joch. Die Redensart ist von einem wider-
spänstigen Ochsen hergenommen. 2) fix = schnell. 3) Ihr
= Ehre

Un schnackt un brähnt von grote Ihr.
Oll Schwart seggt: „Büst 'ne Klätepupp[1])?
Du schnakst jo Allens kort[2]) un klein.
Dat wier 'ne Ihr, dat Hun'n un Pier
Un Herrn uns mit den Staart anseihn?" —
„„Ob Ein mi mit den Staart ansüht,"""
Seggt Witt, „„„dat is mi ganz egal,
Wenn 't blot mit 'ne Manier geschüht.
Nee kiek doch blot den stolzen Herrn,
Doa up den Schimmelhingst, doa vörn."" —
„Den seih 'k hüt nich taum iersten Mal,"
Seggt Schwart. „Wat sien Grotvahre wier,
Dei brog dei Näs' noch nich tau Höcht
Un satt noch nich so stolz tau Pier,
Dat was en richt'gen Scheepeknecht[3]).
Von den'n beiht all sien Riekdauhm stammen,
Von 't Bucken, Varre, un von 't Lammen." —
„„Ih, Varre, Du hest kein Gefäuhl.
Kiek blot dat lustige Gewäuhl,
Wo sich dat treckt den Weg entlang,

---

1) Klätepupp, ein Kinderspielzeug, eine hohle mit Erbsen ge-
füllte Puppe. 2) kort = kurz. 3) Scheepeknecht =
Schäferknecht.

Un all bei roden Röck mit mang."" ⊥

„Oh, ja, if seih s'," seggt Schwart un grient,

„Doch is nich Allens Gold wat schient.

Kief blot mal nipping¹) tau: bi Weck

Liggt up bei schönen roden Röck

Doch of entsahmten vählen Dreck." — —

Na, endlich kümmt bei ganze Trupp

Nah den bekannten Hof herup.

Dei Buuren hollen vör bei Döhr,

Dei Herren stiegen von bei Pier,

Un bei von ehr bei Vörnehmst wier,

Dei winkt, un Varre Witt trett vör.

Dei Herr klemmt sien Lorjett in 't Oog,

Kickt Witten sief Minuten an

Un frögt: „Sein Name, lieber Mann?"

Nee, wo dat Hart oll Witten schlog!

Blot ut Respeckt kreeg hei dat Schweiten²)

Un ann're Unbequemlichkeiten.

„„Herr Gnaden,"" seggt hei, „„if heit Witt,

Wo süll if groot noch anners heiten?

---

1) nipp = genau; nur vom Sehen gebraucht. 2) Schweiten
= Schwißen.

Un bei boa up den Wagen fitt . . . .„„
„So? fo? — Der Name lieber Freund?"
Dei Oll hahr faft vör Freuden weint
Bi all bei Ihr un buukt[1]) fich nexre:
„„Mien Nam is Witt, un bei boa fitt . . . .„„
„Der Name?" frögt bei Herr em werre.
„„Mien Nam is Witt.„„—„Na, lieber Schmidt,
Ich wollt nur fagen — Ihm nur fagen,
Er hat fich heute gut betragen.
Ich kann den Bauersmann wohl leiden,
Wenn er gefällig und befcheiden,
Das kann Er auch dem Andern fagen. —
Heda! 'nen Schnaps für biefe Beiden!"
Doch würr binah bei Red em Leed,
As hei herup keek nah den Wagen,
Wo Barre Schwart recht patzig feet.
Den Oll'n keek ut fien bwaslings Oog
So'n rechten kloaren Spitzbauw 'rut,
Un üm fien breides Muhl, boa flog
So'n fchnurrig Lüchten un fo'n Blitzen,
Dat leet binah as luute Witzen,

_____

1) buuken — tauchen, bücken, kauern.

Dat feeg binah as Lachen ut.

Un fitt un rögt nich Hand un Faut
Un feggt, as Witt fo wollgemauth
Nah'n Wagen werre 'ruppe frawwelt:
„Na, Varre, heft Di fchön befawwelt[1])!"
Un feggt, as Witt nah'u Schnaps deiht janfen[2]):
„All gaut! Wi laat uns fchön bedaufen."
Un as oll Witt rehd von dei Jhr,
Schleiht Schwart fchwabb! dwaslings mang dei
Pier;
Un as fei in den Landweg famen,
Dunn frögt hei Witten: „Wo 's der-Namen?"
Un as oll Witt von „Herrn" feggt,
Dunn fingt oll Schwart entfahmte Liere
Vou: „Scheepefnecht"
Un „dauh mi recht,"
Von'n: „Duhrweg" un von: „fo wiere;"
Un behdt ganz allerleiwfte Stückfchen
Un halt en Dahle ut dei Tafch

---

1) befawweln, auch befeiwern, wird von fleinen Kindern ge=
braucht und heißt = begeifern. Im übertragenen Sinne
bedeutet es: fich unpaffend aufführen, fich blamiren. 2)
janfen = Sehnfucht, Gelüfte, Appetit, Verlangen nach
etwas haben.

Un wief't em den'n un lacht so tückschen[1]):
Na, Varre, maak en Diener rasch!" — —

Un duusend von Lichte börchstrahlen den Saal;
Dei Poare, dei schesen[2]) herup un heudal;
Sei knicken un bücken un tillfäuten[3]) 'rüm
Un flustern so leiflich mit säutliche Stimm
Un tuscheln[4]) tausam;
Dei Herr un dei Dam,
Sei laaten as Duuben un Lämmer so fram.

Un häweln[5]) un schnäweln un kurren[6]) so zoart,
Sei strickt dei Fresur sich; hei strickt sich den Boart;
Hei brückt ehr, den Hanschen[7]), sei kickt in den
                                        Schoot,
Un nu ward hei driste, un nu ward sei roth.
Un 't weit doch dei Welt,

---

1) tückschen, adv. = tückisch. 2) schesen. Wollte man das
Wort mit Tanzen übersetzen, so würde dadurch nicht Alles
ausgedrückt sein. Schesen wird nur von einer wiegenden,
schleifenden Tanzbewegung gebraucht. 3) tillfäuten, von
tillern, d. h. eine hüpfende, zitternde Bewegung machen,
und von Faut = Fuß. 4) tuscheln = flüstern 5) hä-
weln = kindisch scherzen. 6) kurren = girren, von
Tauben gebraucht. 7) Hanschen = Handschuh.

Dat s' em nich gefüllt,
Dat hei sei blot friegt üm dat leidige Geld.

Dei Herrin von 't Huus is in Gold un in Sier,
Doa drückt 't sich un bückt 't sich bet dal up dei Jer,
Schnitt stiew¹) Kumpelmenten up knick'rige Bein;
Sei freu't sich so gneedig un nimmt sei as ein
Unschülliges Kind
För boare Münt,
Un weit doch all längst, dat dat Lägen.sünd.

Un Eten un Drinken up Sülwe un Gold!
Dat Jes is so frisch un dei Wien is so olt.
Dei Herr böhrt den Bäker: „Recht lang' so
                                          man noch!
Wat scheern uns dei Anuern? Vier Dahle dei
                                          Rogg!"
Dat Rappwater²) flütt³),
Ein Jeder drinkt mit,
Stött an mit den Nahwer⁴) dei neben em sitt.

---

1) stiew = steife 2) Rappwater = Rappswasser. Als durch
   glückliche Preise und glücklichen Bau des Rappses die
   Landleute reich geworden waren, floß der Champagner und
   wurde nach seiner eigentlichen Quelle „Rappwater" ge-
   nannt 3) flütt = fließt. 4) Nahwer = Nachbar.

Dei gruglichſte Lieberjahn rings in bei Run'n,
Dei fiſcht den Herru Paſter dat Wurt ut den
Mun'n,
As bei in ſien geiſtliches Füer un Fett
Up Kirchenbuß un up den Schandſtaul gerött¹),
Un brückt em bei Hand:
Dei Saak wier bewandt²), —
Dat heit för dat Volk, för den Daglöhner=Stand.

Un 't is ſo'n Behagen, un 't is ſo'ne Luſt!
Nah Speckſieden ſchmieten ſ' vergnäuglich mit
Wuſt.
Dat ſchmeichelt un lawt³) ſich ſo brieſt in 't
Geſicht
Un kettelt⁴) un kraßt ſich un rökert⁵) un lügt.
Nu jäk⁶) Du ierſt mi,
Denn nahſt jäk if Di!
Doch plötzlich is 't all mit bei Luſt vebi. — —

En Fluſtern geiht den Saal entlang:
„Der Wirth, er liuf ſo ſchnell hinaus —

1) gerött = geräth. 2) bewandt = zweckmäßig, praktikabel.
3) lawt = lobt. 4) kettelt = kißelt. 5) rökert = räu
chert 6) jäk = jucke.

Ist etwa Feuer in dem Haus? —
Was ist passirt? — Ist Jemand krank? —
Ein Tagelöhner? — So! — Nu, Gott sei Dank!
Ich glaubt', es würd' was Schlimmes sein. —
Ein Tagelöhner blos! — Nein, nein!
Der nicht! — Eins von den Pferden,
Der Schimmelhengst hat Harnbeschwerden. —
Der Hengst? — Der Hengst? — Der Worsleyhall?
Ich würd' verrückt — paroles d' honneur! —
Wenn ich so'n edles Thier verlör." —
Un 'rute lopen s' nah den Stall
Un stahn un buurn un geben Rath;
Dei Ein, dei hölt dei Schnirt¹) parat,
Dat Veiharzneibauk bedt en Anne,
Als wier 't seu bäglich Ler²), utwennig,
Dei Drürr³), dei schleept dei Decken 'ranne
Un deckt sei äwe eigenhännig.
Dei Herr, dei röpt: „Wo 's Jehann Schütt?
Dat gliek hei nah den Dokter ritt
Un em vertellt, wat hier passirt!

---

1) Schnirt = Spritze. 2) Ler = Lection. 3) Drürr =
    Dritte.

Mien schöne Hingst, mien bühres Diert¹)!"
Un bei oll Daniel trett heran:
„„Bi Vätte Braubten sitt Jehann.
Herr, doa 's en goa tau grotes Leiden;
Herr, if will rieden, wat if kann,
Sall if nich leiwerst²) glief bei Beiden,
Den Pier= un Minschendokter hahlen?"" —
„Hei deiht, wat if em hew befahlen.
Marsch! Vörwarts! Rasch! Wat luurt Hei
                                        benn?" —

Un Daniel jögt den Weg poahen,
Sien wittes Hoar spält in den Wind,
Un düster liggt bei Nacht herüm,
Un düster sprecft in em bei Grimm:
„„Sei segg'n jo, dat 'w of Minschen sünd.
Na, Gott sei Dank!
Noch bün 'f nich frank;
Doch kümmt mal eins an mi bei Reih,
Denn wull 'f, if wier en leiwes Veih. —
Sei seggg'n jo, dat w' of Minschen sünd!

---

1) Diert = Thier. 2) leiwerst = lieber.

Ik hew kein Kegel un kein Kind;
Dat was mal eins 'ne anu're Tied,
Doch dei liggt wiet!""
Un stött dei Spuren in dei Rippen
Un flustert äw're bleiken Lippen:
""Wenn blot kein Unglück mal geschüht!""

7.

Dei Dob.

Oll Vatte Brand liggt up den Dob;
In 't Finste schient dat Morgenroth;
Dei oft hett schient in Noth un Leid,
Dei dunst'ge Lampenschien vegeiht,
En niee Morgen breckt heran. —
An 't Finstersäms[1]) lehnt still Jehann,
Süht vör sich hen, wo an dei Wand
Dei bunten, roben Sünnenstrahlen
Sich schämernd mit dei Schatten malen,
Un foahrt sich mit dei harte Hand
Tauwielen äwer 't fuchte Oog,
Wenn up Mariek den Blick hei schlog,
Dei mit dei Schört[2]) för dat Gesicht

---

1) Sáms = Gesimse. 2) Schört = Schürze.

Halw äwer 't Bedd heräwe liggt.
Ach, wo 't ehr dörch dei Glieder flog
Von Schuur'n, von deipe Hartensschuur'n[1])!
Wo dehr dei arme Diern 'em duurn! —

Dei Döhr geiht up un liesing trett
Oll Daniel 'rin, geiht an dat Bedd
Un nimmt sien Käppel in dei Hand
Un seggt mit bäwerig Stimm:
„Gun Morgen, Korl! — Kennst mi noch Brand?"
Dei Krank dei dreiht den Kopp herüm
Un süht em frömd in dat Gesicht,
As wenn Ein kümmt ut fiernen Land
Un werre nu taum iersten mal
Sien Vahres Huus tau seihen krigt:
Em is dat frömd un doch bekannt,
Un tägernd steiht hei för dei Döhr
Un weit nich, ob hei 'rinne sall;
Em kümmt 't so olt un knendlich[2]) vör,
Hei stünn vör schön're Hüüse all.

_____

1) Hartensschuuren = Herzensschauern. 2) knendlich, woh
    von Knie abzuleiten, also = kniehoch, kleinlich, erbärm-
    lich; wird auch gebraucht in der Redensart „knendlich
    bidden" = knieendlich bitten.

Un füht ehr all in dei Gesichte
Un füht dei goldnen Morgenlichte,
Dei, dörch dei düst're Kame[1]) teihn[2]);
Dat hett hei vördem[3]) All mal seihu,
Un 't spreckt so leislich em tau Sinn;
Hei kiehrt up Jeren noch mal in
Un seggt: „Marieken, böhr mi höger,
Un rückt mi an dat Finste neeger[4]),
Ik will dei Sünn noch einmal seihu.“
Un as 't nah sieuen Wunsch gescheihn,
Dunn deiht sieu düster Oog sich hellen,
Hei röpt heranne Daniellen
Un frögt so recht ut friee Bost:
„Hüt is woll wunderschönes Weere?“ —
„„Wi hebb'n den iersten hellen Frost.““ —
„So 'st recht! So 'st recht! — Hüt fall'n dei
                          Blähre.

Up desen Dag hew ik so oft
Tau Gott up mienen Lager hofft.
Wenn föllt dat Blatt, denn war ik frie,

<hr>

1) Kame = Kammer. 2) teihn = ziehn. 3) vördem = frü-
her. 4) höger = höher; neeger = näher. Auch hier
ist das „g“ des Hiatus wegen eingeschoben.

Denn war 'k erlöf't, fähr 'k oft tau mi:"
Un kickt fien Kind fo leidig¹) an:
„Kumm her, Mariek, kumm neeger 'raiv!
Ok Di, mien Kind, ward-lichte fin,
Wenn ik nich mihr tau Laft Di bün."
„„Oh, Vahre, nee! . . . . ."" — „Ik weit, ik weit:
Du wierst mien Kind, mien true Mägd;
Ik weit mit Di all längst Befcheid,
Un wat Di drückt. Wes nich verzagt!
Dehrst Du ok . . . ." — „„Vahre, all mien
       Leben . . . . !""

„Dehrst Du von fienen Weg ok wieken,
Unf' Herrgott ward Di woll vergeben;
Wi feihn uns werre, leiw Marieken!
Wein nich, mien Kind! Folg²) mi bei Hän'n,
As Du dat alle Abend dahn!
Is 't ok mit deje Sünn tau En'n,
Uns ward 'ne anne Sünn upgahn."
Un rod von Weinen un von Schaam
Gift f' em bei lahmen Hän'n taufam. —

---

1) leidig; wird fowohl in activer als in pässiver Bedeutung
 gebraucht und bedeutet Beides: „Mitleid fühlend" und
 „Mitleid erregend." Hier das Erstere. 2) folg = falte.

Dei Vahre behbt för 't Kind so heit
Un still is 't binnen, still is 't buten [1]),
En Engel dörch dei Kame geiht,
Un Gottes Og kickt börch dei Ruten [2])
Un gütt [3]) sieu Licht in vulle Fluth
In bange Minschenharten ut.
Dei Vahre behbt so heit för 't Kind,
Von'n Heben weiht dei Morgenwind,
Dei Sünnbags = Kirchenklocken klingen
Von 't Kirchoörp säut un. liesing her,
Dei sünd't, dei em dei Antwurt bringen.
Un bi Mariek föllt. dal Jehann
Un schleiht den Arm so truu üm ehr
Un treckt sei an sien Hart heran.
Em is 't, as wenn tau dese Stun'n
Dei Seelennacht, dei em bedrückt,
Vör Sünnenschien un Klingen wickt,
As hahr hei sich. nu werre fun'n,
As wenn nah düstre Winternacht
In Frühjoahrsluft un Frühjoahrspracht

---

1) binnen un buten = innen und außen. 2) Ruten = Fen-
sterscheiben; von „Raute." Deßhalb im Kartenspiel =
Carreau. 3) gütt; von geiten = gießt

Sien Hart in em tau bläuhen füng,
Unschüllig rein un froh taumal,
As wenn hei noch taum Behden[1]) güng
Un fiert dat ierste Abendmahl.
Un up sien gählen[2]) Locken lag
So licht un kloar bei junge Dag,
Un seelig lücht sien Oog boarin
As Hoffnungsschien un Morgensünn. —

Oll Vahre Brand halt beiper Athen,
Un 't was as wenn üm siene Oogen
Sich düst're all bei Schatten togen:
„Du warst bei Beiden nich verlaaten,"
Seggt hei mit Mäuh tau Daniellen.
„Wi Beiden wieren Spälgesellen,
Du wierst mien Fründ un blewst[3]) mien Fründ.
Des' Beiden dauh 'k up 't Hart Di leggen;
Wenn s' nich up rechten Wegen süub,
Denn sallst Du ehr den rechten seggen.
Willst Du dat dauhu?"—„„Ja, Korl, ik will.""

---

1) behden = beten. „Taum Behden gahn" auch „Taum Prei-
ster gahn" wird vorzugsweise für „zum Confirmations-
unterricht gehen" gebraucht. 2) gähl = gelb. 3) blewst
= bliebst.

Un werre is dat ringsüm still,

Dei kranke Bost blot räkelt[1]) holl,

Un ümme düst're ward sien Oog;

Sien Daniel böhrt den Kopp em hoch,

Un schwack un schwäcke ward bei Oll,

Doch plötzlich nimmt hei sich tausamen,

As wier'n em niege Kräften kamen,

Un seggt: „Bald is 't mit mi gescheihn;

Ik kaun mien Kinne nich mihr seihu;

Doch ihre[2]) mi bei Oogen breken,

Kamt neeger 'rau,

Mariek, Jehann!

Ik will dat letzte Wurt nu spreken: —

Jug einzigst Arwdeihl[3]) is bei Noth,

Jug einzigst Lohn dat däglich Brod;

Dei Arbeit is Jug einzigst Freud,

Ji sied Jug einzigst Oogenweid;

Dei heilig Schrift is, richtig lesen,

Hier un'n Jug einzigst Stütt un Staf,

Un wenn Ji nah ehr Vörschrift wesen,

Denn is Jug einzigst Trost dat Graf.

---

1) räkeln = röcheln. 2) ihre = eher, bevor. 3) Arwdeihl
= Erbtheil.

Känt Ji nich an Jug fülwst Jug freu'n,
Nich Dag för Dag mit Armauth ringen,
Ahn Afgunst[1]) Macht un Riekdauhm scihn,
Känt Ji dat trotz'ge Hart nich dwingen,
Nich jede Arbeit still verrichten
Ahn Werrewür[2]) un bös' Gedanken
För jeden Herrn, ok för den schlichten;
Känt Ji nich jeden Abend dauken
Uprichtig för Jug' suures Brod,
Denn wier 't am Besten, Ji wier't dod,
Un dat Ji leegt an miene Stähr."
Un schwacke würr hei, as hei 't sähr
Un höge geiht dei kranke Bost,
Mit Mäuh noch kann hei Athen hälen;
Dörch siene Glieder tüht en Frost,
Dei letzt von alle Jerenqualen;
Un flustert: „Wull Jug woll noch segen[3]),
Kann blot mien lahmen Hän'n nich rögen."
Un Daniel löf't dei behden[4]) Hän'n

---

1) Afgunst = Abgunst, Reid. 2) Werrewür = Widerworte.
3) segen = segnen. 4) behden; statt behdenden = be=
tenden. — Diese abgekürzte Form des Particips ist, we=
nigstens in meiner Gegend, sehr gebräuchlich. Man sagt
z. B. loopen Trin, schrien Söhr ꝛc. für: laufende Trine,
schreiendes Kind ꝛc.

Un höllt fien lahmen Arm in En'n,
Un luut un dütlich feggt bei Oll:
„Lewt woll, leiw Kinnings, lewt recht woll!
Un ümme gaht up Gottes Wegen!
Gaht an bei Arbeit, an bei Noth
Mit Mauth un Tauwersicht! Dei Dod,
Dei bringt den Auft[1]) un Gottes Segen.
Hollt ut! Hollt ut!" — Un fackt taurügg,
As wenn hei wier von Arbeit mäud. —

Woll gahn dei Kirchenklocken fäut,
Dat schlaten Uhr vernimmt fei nich;
Woll füht dei leiwe Gottessünn
So hell in 't braken Dog herin;
Dat Glas is trüw, dei Speigel blind.
Woll drückt fien Hand dat arme Kind,
Woll schmit f' fich weinend an fien Lief,
Woll fött fei em fo heit un warm
Un drückt em jammernd in bei Arm,
Sien Hart is ftill, fien Haud is ftief;
Un ein Gedank, ein Bangen füllt,
So kolt as Jes, fo schwer as Steiu,

---

1) Auft = Erndte.

In ehr Gemäuth: sei steiht allein,
Allein, allein in wiede Welt.
Wat ok Jehann ehr seggt un beiht,
Dat truu hei ümme bi ehr steiht;
Wat ok bei olle Daniel tröst't
Un in sien frame Infolt seggt: —
Sei künn sich freu'n, hei wier erlöst,
Hahr alle Sorgen von sich leggt;
Hei wier üm ehr tau jede Stun'n
Un seeg¹) von 'n Himmel up ehr 'run
Un würr in Leiden un in Freuden
Sien Kinne woll in Gott behäuden²);
Sei hürt dat blot mit halwen Uhren;
Ehr is 't, as wier sei noch en Kind
Un hahr bi Regen, Nacht un Wind
Sich in en düstern Holt verluren,
As wüßt sei nich, wohen un her,
As kehm en Grugel³) äwe ehr.
Un as bei Beiden Affscheid nahmen,
Dunn sackt sei still in sich tausamen.

---

1) seeg = sähe. 2) behäuden = behüten. 3) Grugel =
Grauel, Grauen.

Ach, wer f' doch lähr[1])
An siene Stähr! —

Sei 's still; dei Nahwersfruuens[2]) kamen
Un gahn tau Hand mit Rath un Dath,
Dei Dische kümmt un nimmt bei Maat,
Un füht dat Bäten Armauth an
Un frögt nah 't Sarg. Sei antwurt't lief':
„So wollfeil, as 't man wesen kann."
Un as dei Abend 'ruppe tüht,
Dunn sitt sei noch nah eine Wief',
Bi 't Bedd an ehres Bahrers Sied,
Oll Toppelsch bringt dei Lamp herin
Un seggt: „Nu legg Di dal, Mariek,
Ik will nu wachten bi dei Liek". —
„„Nee, Nahwersch, nee! Nee, laat f' mi sin!""
Un dörch ehr Glieder schuddert[3]) Frost,
Un üm ehr schleiht dei Fruu en Dauk
Un up den Doden siene Bost
Doa leggt f' en oll vergräpen[4]) Bauk,
Purrt[5]) noch tau Höcht den Lampendacht,

---

1) lähr = legte. 2) Nahwersfruuens = Nachbarsfrauen.
3) schuddert = schaudert. 4) vergräpen = vergriffen.
5) purren = stochern.

Un schürrt den Kopp un seggt: "Gun Nacht!"
Marieken dankt, un schwer Gedanken,
Dei trecken ehr börch Hart un Sinn;
Wat sei ok behbt, sei will'n nich wanken.
Ach, wer bei Taukunft weiten künn!
In ehr is so en wild Gewäuhl,
Dat drängt sich düster börch ehr Hart,
Un kloar is blot dat ein Gefäuhl,
Dat gröter Unglück kamen ward. —
Un brieste Tritten kamen 'ran;
Dei Döhr geiht up, dat is Jehänn.
Hei set't sich dal, ahn wat tau seggen,
Un beiht ehr Hand in siene leggen.
Hei hett dei Truer äwerwun'n
Un denkt mit Freuden d'räwer nah,
Dat hei nu äwer Dag un Stun'n
Kann trecken nah Amerika.
Den letzten Riegel vör sien Glück,
Den schöw[1]) hüt morrn dei Dod taurügg.
Doch as hei s' doamit trösten will
Un tau ehr von dei Taukunft rehrd,

1) schöw = schob.

Un wo dat herrlich warden süll,

Dunn güt't ehr frostig börch bei Ahre,

As würr dat Hart tausamen schneert,

As wier 't 'ne Sün'n an ehren Bahre,

As wier 't 'ne Sün'n, in ehre Lag',

In niege Hoffnung furt tau leben,

As wier 't 'ne Sün'n, an bet're Daag',

Noch mal an Freud un Glück tau glöben.

Wat hei ok seggt von 't schön're Land,

Ehr schubbert kolt, as wenn ehr gruut;

Un treckt ehr Hand ut siene 'rut

Un fött dei kolle Dodenhand.

8.

Dei Murd.

Oll Brand is in sien Sarg 'rin leggt;
Doa liggt hei still; kein Grafrehd seggt,
Wat hei all dehr un leer [1]) hier un'n;
Hett sich 't entseggt [2]) un hett 't verwun'n,
Hett still un sacht sien Leben schlaaten;
Sien Wirken hett kein Spuren laaten,
As 't Abendroth is hei verschwun'n.
Kein Fründschaft [3]) folgt em achter her —
Den Herrn sien Arbeit, dei geiht vör —
Kein Nahwer dröcht sien arme Liek;
Jehann un Daniel, dei dragen

---

1) dehr un leer = that und litt. 2) hett sich 't entseggt; wörtlich = hat sich's entsagt. Allgemein gebräuchliche Redensart für „sterben". 3) Freundschaft wird vorzugsweise für „Verwandte" gebraucht.

Den Näsendrücker¹) up den Wagen,
Sien einzigst Folg' is sien Mariek,
Ehr Süßen is sien Liekensang.
Den harten, froren Weg entlang
Nah 't Kirchdörp rummelt furt bei Kist;
Kein Preister segen't sie'ne Rüst;
Jehann un Daniel, bei laaten
Dat Sarg herinne in dat Graf.
Dei Schüpp²) tau Hand!—Dei Gruft is schlaten.
Ok Daniel nimmt den Haut heraf
Un höllt em vör sien iernst Gesicht
Un behbt för den'n, bei unnen liggt,
En Vahreuns'³) ut beipe Bost. —
Dei ierste Schnei in besen Joah
Sackt lies' herunne up den Frost,
Up 't frische Graf, in 't witte Hoa,
Un buusend stille Faden weben
Sich twischen Jer un twischen Heben
Taum sieerliches Liekenkleeb,
Dat wickelt sich üm Allens 'rüm,

_____

1) Volksausdruck für einen Sarg mit plattem Deckel, wie er für ganz arme Leute im Gebrauche ist. 2) Schüpp =
Schaufel. 3) Vareuns' = Vaterunser.

Uem 't kolle Graf, üm 't warme Leben.
Un in Mariek boa spreckt 'ne Stimm:
„Wat drückt Di so Dien grotes Leed?
Wat klagst un' truuerst Du, Mariek?
Vör Gott is Dod un Leben glick;
Hei deckt up 't Leben blassen Dod
Un weckt ut Nacht dat Morgenroth,
Wer in em lewt, dei nich verdarwt[1]),
Un leben deiht, dei in em starwt.
Hei leggt dei Jer in 't Dodenkleed[2])
Un weckt sei up tau Frühjohrsleben;
Un leggt hei up Di schweres Leed,
Ward hei Di ok en Frühjoahr geben,
Wo männig[3]) Bläum' Di werre waßt,
Un wo Dien Hart kann werre gräunen,
Still' Diene Klag' un laat dat Weinen!"
Sei treckt den dünnen Dauk sich fast
Uem Arm un Bost, as wier 'f entschlaaten,
Schmitt einen Blick noch up dat Graf,
Drögt sich dei letzten Thranen af;
Oll Daniel krigt ehr Hand tau faaten;

---

1) verdarwt = verdirbt. 2) Dodenkleed = Todtenkleid. 3)
männig = manche.

So geiht sei t'rüg, in 'n Harten Mauth
För 't Unglück, wat tau kamen brauht. —

Jehann führt sachten achte her,
In em spreckt 't anners, as in ehr;
Unruhig jagt ein Plan den annern:
Hei kann nu trecken, kann nu wanuern
Frie äwer See un äwer Land;
Sied dem, dat bob is Vatte Brand,
Is em bei Welt nich mihr verschlaaten;
Hei kann nu künn'gen¹); wenn hei will,
Dei Herr, bei möt em trecken laaten,
Un wenn hei em wat seggen süll,
Denn blift hei em kein Antwurt schüllig.
Hei is nu frie, so gaut as frie,
Un ut is nu bei Schinnerie,
Hei brögt s' nu nich mihr so gebüllig. —
Un as hei nah bèn Hof 'ran kümmt,
Dunn föllt em all dat Unrecht in,
Sien Grull bei stiggt un grunf't²) un grimmt.

---

1) künn'gen = kündigen. 2) grunsen, vielleicht ursprünglich
= dem Hochdeutschen „grunzen“. Es wird jetzt aber
nur von verbissenem Ärger und Groll gebraucht. Z. B.
„dat grunf't em“ = „das verdrießt ihn“.

Em börch dat Hart un börch den Sinn:
„Ja", seggt hei, „ja, wi fünd ehr Slaben„
Sei fünd bei Herrn, wi fünd dat Schund.
Den ollen Mann so tau begraben,
Nich as en Chrift, nee, as en Hund!
Den Dokter nich mal halen laaten!
Ja, wenn w' so Mähren wesen behren!"
Un krigt in Grull bei Pietsch tau faaten
Un hau't ingrimmig mang bei Mähren,
As müßt hei 't bei entgellen laaten.
Dei gahn tau Höcht un rieten an,
Hei törnt[1]) un höllt fei, wat hei kann,
Doch dat 's vergews, bei Tägel ritt,
Dei Hingft geiht börch, bei anne mit;
Un up ben Hof jagt 'rup bei Wag',
Dei Lerre flüggt, bei Unnelag![2])
Noch fitt Jehann, — nu ligt hei un'n;
Den Tägel üm bei Hand 'rüm wun'n,
So schläpt hei nah. Dei Mähren gahn,
Bet f' vör ben Stall von fülben ftahn. ——

---

1) törnen = aufhalten, bändigen. 2) Unnelag' = Unterlage.
So wird das Brett genannt, welches den Boden eines
Bauwagens bildet.

Oll Daniel löppt un folgt den Wagen,
So fir dei ollen Knaken drägen.
Gott lob! Kein Unglück is gescheihn.
Dat Veih rifffchlagt[1]), doch is 't gefund,
Jehan'n geiht Blaut ut Näf' un Mund,
Doch heil fünd em noch Arm un Bein.
„Jehann, heft Di ok Schaden dahn?" —
„„Nee, nee!"" Un lerrt dei Mähren 'rinne
Un fött dei Fork[2]): „„„Entfahmte[3]) Schinne!"""
Un fängt doa an up los tau schlahn.
„Schäm Di," feggt Daniel, „dat tau dähn!
Wo kannst en Veih fo glupfchen[4]) hau'n?"
Un will den Arm taurügg em holl'n.
Hei ritt fich los un ftött den Oll'n,
Dat in dei Eck hei 'rinne flüggt.
Dei Herr trett in den Stall un feggt:
„All werre[5])? Dunn all bi dat Füer!
Hew if hier Jungs bi miene Pier?"
„„As Jung dehr if mi nich vermeiden[6]),

---

1) rifffchlagen = mit den Rippen schlagen, kenchen. 2) Fork
= Gabel, hier Dunggabel. 3) entfahmt, oder anch ent-
fahmtig = infam. 4) glupfch = plump, ungefchickt,
gradezu. 5) all werre = fchon wieder. 6) vermeiden =
vermiethen.

Ik bün tau olt, üm Schwien tau häuben."

„Halunk! So'n Antwart gifft. Du mit?"

„„Ja, Minschenschinne, so'n för Di!"

Dei Herr, bei schleiht in vulle Wuth

Em mit bei Rietpietsch in't Gesicht,

Oll Daniel springt boamang un' schriggt:

„Jehann, Jehann, holl ut! holl ut!"

Vegews! Tau späd! (— En mächt'gen Stoot!

Hoch halt hei ut; bei Fork, bei flüggt,

Un mit bei Meßfork stött hei'n dod.

„Herr Gott! Herr Gott!" Oll Daniel schmitt

Sich up den Herrn un beißt un ritt

Den Rock em un bei Kleeber apen[1)];

En roden Strähl flütt ut bei Böst:

„Oh, Satan, Du hest gruglich drapen[2)]!"

Jehann lehnt an den Stänne=Post[3)];

Vöräwebögt mit halben Lief,

Steiht hei so starr, as wier hei stief;

Un ümme gröte, ümme stiere

1) apen = offen! 2) drapen = getroffen. 3) Stänne=Post
= Ständer=Pfosten. Stänne = Ständer, Stand, ist
der für einzelne Pferde oder ganze Gespanne durch Bret=
ter oder Bäume abgeschiedene Raum.

Stahn em bei Dogen ut den Kopp,

So aschenbleik kickt hei, as ob

Dei Stoot! em fülben dröp[1]), as wier 'e

Dobschlagen sülwst, un nich bei Müre[2]).

Dei Pietschenstriem un robe Schrammen,

Dei liggen up bei bleike Stiern

Un lüchten up in bläub'ge Flammen,

As wenn dat Kainsteiken[3]) wier'n.

Oll Daniel hewt sich von bei Liek:

„Oh Gott, Jehann! Oh Gott, Mariek!"

Un as hei em tau seihen krigt,

Em 'rinne süht in 't bleik Gesicht,

Dunn tummelt 'ran hei an bei Wand,

Dunn waren schwack bei ollen Bein,

So'n Anblick hett hei noch nich seihn

Un höllt sich vör 't Gesicht bei Hand:

„Unseelig Minsch, wat hest Du dahn?

En Murd, en Murd hest Du begahn;

En Murd, bei 'rup taum Himmel schrigt!"

Un süht em werre in 't Gesicht,

Un 't is, as wenn hei em noch buurt,

---

1) dröp = traf. 2) Müre = Mörder. 3) Kainsteiken = Kainszeichen.

Fött sich en Hart un stött em an:

„Hürst Du denn nich? Jehann, Jehann!

Oh, Unglückskind, furt! Mit di furt!"

Un stött em, röpt[1]) em in bei Uhren:

„Minsch, Minsch! Maak furt, süs büst verluuren!"

Un in Jehan'n kümmt werre Athen,

Hei deiht as blind herümme faaten,

Un kickt nah dit un kickt nah dat

Un grippt[2]) herüm un weit nich wat,

Un Hand un Oog geiht fürchterlich,

Un tast nah hin'n un tast nah vör

Un tummelt von bei Liek taurügg —

En grugliches Handtieren was 't —

Un will herute ut bei Döhr,

Un Daniel höllt em nochmal fast

Un röpt em tau: „Dei hollen Eiken! —

Dei schwarte See! — doa will 't Di säuken[3])"

„„Ja,"" seggt hei, „„jä!"" mit hast'ge Stimm,

So holl, as kehm s' all ut bei Gruft.

Un as hei kümmt in frische Luft,

Dunn dreiht sich Allens mit em 'rüm,

---

1) röpt = ruft.   2) grippt = greift.   3) säuken = suchen.

Hei föllt, — hei rappelt[1]) sich tau Höh;
„Dei holle Eik, dei schwarte See!"
Dat is sien einzigste Gedank.
Dei Steinmuur löppt hei nu entlang:
„Dei holle Eik, dei schwarte See!"
Un 'räwe set't hei, as en Reh.
Nu is hei weg! Nu, Gott sei Dank!

Un all dei Lühd[2]), dei Döschers[3]) all,
Dei drängen sich nu in den Stall:
„Wat is 'e los? Wat is gescheihn?"
Wer dehr dei Dath? — Wer hett dat seihn? —
En Unglück is 't, doch is 't em recht! —
Wer hett dei Hand hier an em leggt?" —
Un ahn dat Eine boavon weit,
En Flustern dörch dei Minschen geiht:
„Jehann, dei wier 't, dei kann 't man sin."
Un dei Inspecter störrt't herin:
„„Wat staht Si hier as in den Droom?
Den Hingst herut! Un rup den Toom!
Doa löppt dei Müre dörch den Schnei.

---

1) rappeln = raffen; hat sonst auch noch die Bedeutung =
geftört fein. 2) Lühd = Leute. 2) Döscher = Drescher.

Hallunk, dat Di Dien Recht gescheih!
An 'n Galgen is Dien richtig Platz!"" —
Dei Hand up 't Krüz¹)! En mächt'gen Satz!
Halloh! Halloh! Los geiht dei Hatz! —
Wo bruus't hei dörch dat apne Duhr,
Wo suus't hei äw'r'e hoge Muur!
Wo flüggt dei Hingst, wo flüggt de Mähn!
Wo flüggt hei äw'r 'e witte Plän! —
Oll Daniel wringt²) sien ollen Hän'n:
"Herr Gott, Herr Gott, Du kannst dat wen'n!—
Ik behd un behd, weit nich för wen, —
En Müre is 't, doch as mien Sähn —
Nu krigt hei 'n saat't, nu kümmt hei 'ran —
Linksch nah dei Bäk³) herun, Jehann!
Doa nich! Doa nich! Bet wiere t'rügg!
Doa höllt dat dünne Jes noch nich! —
Hei 's 'räwe, richtig 'räwe kamen.
Nu nimm Dien letzten Kräft tausamen!
Bet rechtsch! Bet nah dei Schonung 'ranne⁴)!—
'Rin nah den Holt! — Nu is hei 'rin. —
Ach, leiwer Gott, un nu dei Anne!"

---

1) Krüz = Krenz, Krupe.   2) wringen = ringen.   3) dei
Bäk, fem. = der Bach.   4) 'ranne = heran.

Dat griefe Hoar tau Barg em ftünn,
Hei wringt un böhrt bei ollen Hän'n:
„Herr Gott, Herr Gott! Wo fall dit en'n?
Herr Gott, hei ward jo dat nich wagen!
Dat Auwe[1]) is jo vähl tau steil,
Hei fchütt fich af jo Gnick un Kragen,
Behölt jo keinen Knaken heil!
Hei fet't heran, hei wagt den Sprung —
Dei Hingft dei böhmt, dei Hingft dei ftiggt —
Ein Unglück is för hüt genung!" —
Hei höllt dei Hän'n för dat Geficht,
Hei kann dat Unglück nich anfeihn,
Hei föllt taurügg up einen Stein
Un fackt boa fchwack in fich tauhoopen,
Sien Glieder an tau bäwern[2]) füng'n,
Un as dei Minfchen rön'n un lopen,
Un as dei Hingft in wille Sprüng'n
Ahn Rüter em vöräwe fuuft,
Is em fo krank, em friert un gruuf't:
„Oh, Herr, oh, laat mi den Verftand!

1) Auwe, eigentlich wie hier = Ufer, fonft aber auch für
jede mäßige Bodenerhöhung, Hügel, gebraucht. 2) bä-
wern = zittern.

Wi stahn jo all in Diene Hand,
Wi stahn jo All in Dienen Rath;
Doch so en Dod un so 'ne Dath! —
Du weitst, oh Herr, hei was nich schlicht,
Oh, gah mit em nich in 't Gericht,
Straf nich tau hart, wat hei verbraken!
Ik was mal just, as hei, gesinnt" —
Un 't schürrt em dörch dei ollen Knaken —
„Mit mi hahr 't just so warden künnt!"

9.

Dei Fluch.

Den Herrn ſien Liek is 'rinne dragen
Un up ſien Bedd heruppe leggt,
Un den Inſpecter hahl'n dei Knecht
Half ſchunnen[1]) 'rup un half terſchlagen.
„Gottlob! Hei lewt", ſeggt Daniel,
„Nu, Friedrich, nah den Dokter ſchnell!
Ach Gott, if möt nu nah Mariek!" —

Dei Docter kümmt, beſüht dei Liek
Un ſchürrt den Kopp, mit iernſt Geſicht
Leggt ſtill dei Hän'n hei in den Schoot:
„„Hier is kein Hülp,"" ſeggt hei, „„dei's dod.""
Dei Herren kamen von 't Gericht

---

1) ſchunnen = geſchunden.

Un fragen 'rümme krüz un queer,
Wo dat so kehm, wo 't wesen dehr;
Un as sei 't gründlich unnesöcht[1])
Un tau Papier ok Allens bröcht,
Dunn seggt bei Ein: „Hier 's nichts zu machen;
Beschlag blos legen auf die Sachen."
Dit hebb'n sei richtig 'rute klügelt.
Jehan'n sien Lahd, dei ward besiegelt
Un unne Schlott un Riegel leggt.
Oll Daniel süht 't mit an un seggt:
„Ach Gott," seggt hei, „wat hei sich spoart
Tau siene Reis un Awefoahrt[2]),
Un all dei Lüst dei hei entsähr,
Wenn hei den Schilling 'rinne lähr
Un sich afknappen dehr en Bäten,
Dat hett dei einzigst Dath nu fräten*).
Ach, woll is 't truurig in dei Welt;
Gott weit, if truur nich üm dat Geld.
Nee, nee! Dei Angst! — Wat is hei morrn?
Hüt is mien Sähn en Müre worrn,
Un dei so truu mi was un leiv,

Is morrn en Röwer[1], ore Deiw[2].
Wohen bringt nich bei bitt're Noth!
Gott gew, if künn Di doaför woahren!" —

Un as nu beiht bei Abenb kamen,
Dunn föcht sien Bäten hei tausamen,
Wat hei sich behr tausamen spoaren,
Un Allens, wat hei man kann sinnen,
Dat halt hei 'rut, vewoahrt bat truu;
En poar Punb Wull[3], en Bolten[4] Linnen,
Dat bringt hei nah bei Möllefruu:
„Gun Abenb of, Fruu Rosenhagen,
If hew en Bolten Lin'n noch sun'n; —
Marieken het't tau sien mi spun'n[5],
Dat is man Schab för mi tau bragen —
Nu kam if her un wull mal fragen,
Ob Sei 't mi nich afköpen mügten." —
„„Ach, Daniel, wat sünd 't för Geschichten!
Jehann, so'n braven Minschen süs!
Mi is 't, as wenn 't nich möglich is."" —

1) Röwer = Räuber. 2) Deiw = Dieb. 3) Wull = Wölle.
4) Bolten = Bolzen, ist früher gewiß ein bestimmtes
Maaß für Leinewand gewesen; jetzt gebraucht man den
Ausbruck für jedes größere Stück zusammengerollter Lei=
newand. 5) spun'n = gesponnen.

„Wat helpt dat All, wat helpt dat Klagen!
Wo is 't mit't Lin'n, Fruu Rosenhagen?"
„„Je so, dat Lin'n! — Un denn Mariek!
Ach Gott, ik leep herümme gliek;
Verster¹) Di nich! sähr ik, hei wier 't,
Hei behr bei Dath! — Dat Gott erbarm!
Sei feel verlangs²) mi in den Arm,
So bägern³) hahr s' sich doch vesiert.""" —
„Ja, ja! För bei 's 't en Jammeleben.
Wat will'n Sei för dat Lin'n denn geben?" —
„„Worüm denn äwer hüt of grab?"" —
„Ik kramt hüt up,⁴) in miene Lahd,
Dunn feel 't mi in bei Hand herin,
Dunn dacht ik, dat künn mäglich sin,
Dat Sei den Bolten köpen wull'n." —
„„Dat hahr doch äwer Tied bet morrn,"" —
Un kickt em spitz in dat Gesicht.
„Je, ik hew bi den Schauster Schull'n,
Un bei is all so bringlich worrn,
Un denn — un denn — un nahsten krigt....." —

1) verstern = erschrecken. 2) verlangs, adv. = der Länge
nach. 3) bägern, adv. = heftig, sehr. 4) upkramen =
anfräumen.

„„Un will bei Lühd doch nich bedreigen[1]). —

Na, Daniel, laat hei 't nu man sin,

Weck wär'n nich fahrig[2]) mit dat Leigen."

Un geiht nah ehre Kame'rin

Un halt en lütten Kasten 'rut:

„„Wät if nich weit, maakt mi nich heit. —

Ih, ja! Dat Lin'n süht wonah ut;

Mien is 't, so as 't boa liggen deiht."

Un grippt nah ehren Kasten 'rin

Un legt en Hümpel[3]) Dahlers hen:

„„ Dit is dei Pries! so ward 't woll sin!"

„Oh nee, oh nee! Fruu Rosenhägen,

Dit is binah so so, as wenn.

„„If of will miene Schuld afdragen."

Un as s' ehr Jüngschen ward gewoahr,

Dunn strickt s' em glatt dat gehle Hoar,

Un Thranen in ehr Dogen stün'n?

1) bedreigen = betrügen. 2) fahrig = fertig. 3) Hümpel
Haufen. Dasselbe bedeutet auch „Hoop". Beide werden
jetzt ziemlich gleich gebraucht; obgleich vielleicht noch ein
Unterschied fest zu stellen wäre; etwa so, daß „Hümpel"
mehr von ordnungslosen, nicht zusammenhängenden oder
zusammengehörenden Dingen, „Hoop" von absichtlich oder
zufällig geordneten homogenen Dingen gebraucht wird.

„„Ach, dat mien seelig Mann dehr leben!
Wat kann 'ne arme Wittwe geben?"„"
Un grippt noch mal in 't Geld herin'n:
„„Nu nehm hei 't, Daniel. — So! — Nu gahr 'e[1])!
Dit letzt dat kümmt von sienen Bahre."„"
„Ik dauht, ik nehmt, Fruu Rosenhagen,
Doch eine Bähd hew ik woll noch:
Dei arme Diern!" — 'Oh, dauhn Sei 't doch!'
Un blieben S' bi ehr deese Nacht.'
Ik höll[2]) bi ehr woll sülben Wacht,
Doch äwerst . . . . . äwerst . . . ." — „„Ja, ja!
'T is gaut!
Verlaat Hei sich doarup, ik dauh 't."„"„ —

Oll Daniel geiht. Dei Nacht tüht 'rup,
Ganz liesing geiht dei Stalldöhr up.
Dei Mahnschien liggt up 't witte Feld,
Unschüllig rauht dei stille Welt,
Dei Schnei, dei liggt so kloar un rein,
As wier 'mendag[3]) kein Murd gescheihn;

---

1) gahr 'e, eigentlich gah hei = gah er. Das „r" ist hier
   des Hiatus wegen eingeschoben. Meines Wissens geschieht
   dies nur bei wenigen Imperativen; dort aber immer.
   2) höll = hielte. 3) mendag, auch allmendag adv., ei-
   gentlich = meine Tage, alle meine Tage, d. h. immer.
   Mit einer Verneinung wird es zu „nimmer", wie z. B. hier.

As wier bei Jer 'ne Königslief,
Von so 'n König, bei in'n Leben
An Ihren wier un Dygend rief;
As wenn an'n düstern Winterheben
Von unsern Herrgott alle Stiern
Anstickt tau ehr Begräfniß wier'n. —
Oll Daniel is 't, bei 'rute schlickt;
Un as hei beiht üm 't Veihuus[1]) bögen
Un doa bei stille, heil'ge Nacht
In 't ew'ge Dog herinne kickt,
Dunn was 't, as wenn em Stimmen frögen:
„Hest Du Di 't ok woll recht bedacht?
Wat schlickst Du heimlich dörch bei Nacht?
Büst Du ok woll up Gottes Wegen?" —
„„Mien Weg,"" seggt hei, „„geiht in ben Herrn;
Ik will kein zeitlich Unglück wen'n,
Ik will en ewig Arwdeihl rerrn.
Un wenn 'k up schlichten Wegen bün,
Denn, Herr, denn steck mi hier mien En'n.""
Un in em sacken alle Stiern
Un waren tau 'ne grote Sünn:

---

1) Veihhus = Viehhaus; wird ausschließlich für den Rin-
    berstall gebraucht.

„Mien arm Jehann! Mien arme Diern!"
Wenn üm em rund bei Nacht ok lag,
In em is 't kloar, is 't hellig Dag;
Is 't ok en truurigen Besäuk,
Un maakt hei em dat Hart ok krank,
Frisch geiht hei sienen Weg entlang:
„Dei schwarte See, dei holle Eik,
Doa is dat Flach[1]), doa sinn 'k Jehannen!"
So geiht hei 'rinne in dei Dannen.

In 't düst're Dannenhoar, doa liggt
Dei witte Schnei so wiß un schwer,
Un mit sien ungewisses Licht
Leggt sich bei Mahnschien d'räwe her;
Un dörch dei schwarten Büsche schlickt
So'n Flämmern un so'n Schämmern sich,
As wenn wat üm dei Stämmen kickt,
Bald huscht dat vör, bald huscht 't taurügg,
Bald danzt dat up den Mahnschienstrahl,
Bald duukt't[2]) sich unn're Schatten dal
Un krawwelt lies' dörch Schnei un Musch

---

1) Flach = Fleck, Stelle.   2) duuken = tanken, kauern,
bücken.

Un ruſſelt börch den kahlen Buſch,

Un allerhand Unweſen ſpäuken·

In Ellerwriet[1]) un knorrnig[2]) Eiken.

So heimlich All'ns! Blot ut dei Fiern

Kann Ein den Schuhut raupen[3]) hür'n,

Dat ſchallt· ſo ſchuurig börch dei Nacht;

Oll Daniel böhrt dei ollen Bein;

Em is 't, as wenn wat üm em lacht,

As wenn noch Ein

Em folgen deiht

Un in ſien eigen Tritten geiht.

Un wenn dei Schnei un Blähre ruſcheln,

Denn hürt hei 't tuſcheln,

As wenn 'ne Stimm em heimlich reep:

„Dat Waater, wo dei Her verſöp[4]),

Dat labt noch Männigein tau Gaſt;

Dei holle Eik hett männ'gen Knaſt[5]),

Doa kann noch männig Müre hängen!"

---

1) Ellerwriet. Eller = Elſe. „Wriet und verb. wrieten"
wird von jedem ſich horſtig ausbreitenden Gewächſe ge-
braucht. 2) knorrnig von Knorrn = Knoten im Holze
3) raupen = rufen. 4) verſöp = verſoff, ertrank. 5)
Knaſt iſt faſt gleichbedeutend mit Knorrn, wenigſtens häu-
fig; es bedeutet aber auch einen vorſtehenden trocknen Aſt.

Wo deiht dei gruuglich Angst em drängen!
Wo jögt em dat dörch Holt' un Nacht!
As jög em nah dei wille Jagd,
So drift't em furt,
Hen nah den Urt.
Doa steiht hei still, vöräwe bögt,
Un horkt un luurt,
Ob sich wat rögt?
Kickt nah dei Telgen[1]) in dei Höh,
Kickt 'runne up den witten See;
Dat Hart steiht still, dei Athen schwiggt. —
Dunn is 't, as wenn sich wat bewegt,
As wenn doa wat in Schatten liggt;
Hei schlickt sich 'ran.
Ja, 't is Jehann!

Wo dei wille Bier[2]) den Hauer wet't
Wo dei Wulf sien einsam Lager hett,
Wo dat Undiert liggt un luurt up Roof[3]),
Doa liggt hei in dat welke Loof[4])
Un as hei von dei Jer sich richt,

---

1) Telgen = Ast.   2) Bier = Eber.   3) Roof = Raub.
   4) Loof = Laub.

Un em bei Mahn schient in 't Gesicht,
Dunn süht ben Oll'n en Wesen an,
Is as Jehann, un nich Jehann,
As wenn ein Minsch up bese Jer
All börch mit all sien Hoffen wier,
Mit Lust, mit Leiw, mit Kraft, mit Allen,
As wier en Gotteshuus verfallen.
Un fött ben Oll'n sien Hän'n tauglief
Un flustert heisch: „Marief? Marief?" —
Oll Daniel fickt em barmenb an:
„„Noch lewt s', noch behb s' för Di, Jehann."
Hei föllt taurügg so bläß un bleif
Un lehnt sich an bei holle Eif,
Bedeckt mit siene Hand bat Oog,
Un as hei s' werre 'runne tog,
Dunn stün'n bei groten Thranen b'rin,
Dei iersten, bei hei weinen künn:
„Oh segg ehr, sei süll famen, famen!
If nehm sei mit; wi gahn tausamen;
If bring uns börch in t' anne Land."
Un fött ben Oll'n sien Knei un weint;
Dei Oll, bei schüvt¹) taurügg sien Hand.

¹) schüvt = schiebt.

„„Nee, nee, Jehann, so is 't nich meint.
Wat twischen Di un bese Jer
Mal fast un leislich spunnen wier,
Den Faden hett Dien Dath terreten.
Un hett bei Diern Di nich vergeten,
Un behb s' för Di mit truuen Sinn,
Denn sall Di dat en Teiken[1]) sin,
Dat Gott Di för bei anne Welt
Noch an en losen Faden höllt.
Riet nich intwei! Riet nich intwei!
Un ward Dien Leben langes Weih,
Un möst Du Noth un Elend dragen,
Un hürst Du dörch bei Frühjoahrspracht,
Un hürst Du dörch bei Sommernacht
Alläwerall 't Gewissen schlägen,
Denn benk boaran,
Mien Sähn, Jehann,
Eins ward dat Elend von Di nahmen:
Wenn Du up 't letzte Lager liggst
Un up ben Herrn Dien Hoffen richst,
Denn sall Marieken tau Di kamen.““ —

1) Teiken = Zeichen.

Jehann liggt still, oll Daniel schüvt[1].
Em sacht en Päckschen in den Rock
Un drückt em in dei Hand en Stock:
„„Un wenn Di 't ok in 't Elend drivt,
Ahn Stütt sallst nich up Diene Bahn,
Ahn Hülp sallst nich in Sün'n[2] vergahn:
Dit Geld schickt Di dei Möllefruu,
Un besen Stock — hei was mi truu —
Den nimm, mien Sähn, den gew ik Di;
Un büst Du mal von Elend mäud,
Denn stütt Di d'rup un denk an mi
Un an Mariek un an ehr Leid."„

„Nee!" schrigt Jehann, springt up dei Fäut[3],
„Wat? Ik sall gahn, Mariek sall bliben?
Mi willst allein in 't Elend driben?" —
„„Ik driew Di nich, Di drift Dien Dath;
Du hest sei sei't[4] dei böse Saat."„ —
„Ik hew nich sei't, ik hew blot meiht,
Wat Anne vör mi hebben sei't.
Dei so'n Gesetze mal eins maakt,

---

1) schüvt, von schuben = schiebt. 2) Sün'n = Sünde.
3) Fäut, von Faut = Füße. 4) sei't, von seien
= säen.

Dei hebben't fei't un unnehaakt[1]),
Dei raff'ge[2]) Giez, dei hett dat egt,
Dei Luft nah Willkür hett dat plegt.
Dei Saat, dei quüll, 'rut kam dei Kien[3]),
Dei Hochmuth was dei Sünnenschien,
Dei frame Läg hett Thranen regent,
Un Satan hett dat Feld infegent;
If hewt nu auft't[4])! — Nu ftahn S' un fchrien
Un reden vähl von Schuld un Murd:
„Maak furt! Maak furt!" —
Ja, ja! — If weit woll wat if bün;
Doch wenn hei werre vör mi ftünn[5]) —
Den'n mein if mit dat bleik Gesicht —
So niederträchtig un fo fchlicht
Un frifch un rod,
If ftörr[6]) den Hund noch einmal dod!
Un hüng an'n Galgen all bei Strick,
Hei ore if! Hei ore if!
Hei hett mien Leben
Vergift,
Vergeben!

---

1) unnehaaken = unterpflügen. 2) raffig = habfüchtig 3) Kien
= Keim.   4) auften = ernbten.   5) ftünn = ftände.
6) ftörr, von ftöten = ftieße.

Hei hett mit Grull mien Hart vergällt;
Hei drift
Elendig 'rin mi in dei Welt!
Hei hett mien Mäten
Von 't Hart mi räten[1]),
Hei un sien Ban'n!
Fluch äwe All'ns, wat stolz un rief!
Fluch äwe mienen Vahrelan'n! —
Marief! Marief!" —

So stört't hei furt dörch Nacht un Schnei,
Dei Sinn verwurrn, dat Hart intwei[2]),
So stört't hei furt, den Barg[3]) tau Höcht,
Doa steiht hei still un dreiht sich üm
Un röpt mit schuurig wille Stimm:
"Fluch! Fluch! So was 't! So hew if seggt.
Fluch äwe Jug! dei uns verjagen.
Ji hebb'n dei Hän'n, dei Jug eins fött[4]),
Ji hebb'n dei Bein, dei Jug eins bragen,
Mal ahn Erbarmen von Jug stött[5]): —

---

1) räten, von rieten = gerissen. 2) intwei = entzwei, gebrochen. 3) Barg = Berg. In den norddeutschen Ebenen wird dieser Ausdruck schon für einen mäßigen Hügel gebraucht. 4) fött, von fauden = füttern, ernähren. 5) stött = gestoßen.

„Laat s' gahn, laat s' gahn, laat 't Pack doch
                        gahn!" —
Ji hewt kein Hart uns tau verstahn;
As Minschen staht Ji nich taum Minschen.
Dei Tieb ward kamen, hüt ore mrrn,
Wo J' up bei Knei taurügg uns wünschen.
Mit uns fünd Ji mal Herrn eins worrn,
Ahn uns fünd J' nicks!" — Un bückt sich nerre,
Grippt in den Schnei un ballt en Ball,
Un prallt em up ben froren Born[1]) —
„Kümmt Frieheit mal un Frühjoahr werre,
Denn fält Ji All
Vergahn, as bese Schnei vergeiht!"
Un höher richt't hei sich un steiht
So düster doa in witten Schnei:
„Up Jugen Kopp dat Ach un Weih
Un up Jug Hart bei heiten Thranen
Von all bei Lühd, bei hier nich wahnen,
Dei hier nich glücklich künnen leben,
Dei ut dat Vahreland Ji dräben[2])!
Fluch äwe Jug un äwe Juge Kinne!" —

---

1) Born = Boden. 2) dräben = getrieben.

Un röppt dat mit gewalt'ge Stimm'
Un schwenkt den Stock so wild herüm
Un störrt't sich in dei Dannen 'rinne.
Dat was sien letztes Lebewoll. — —

Un an dei Eik lehnt schwack dei Oll
Un höllt dei Hand sich vör dat Oog,
Un as den Blick tau Höcht hei schlog,
Dunn was hei furt,
Un spraken was dat gruuglich Wurt.
Un 't bruuf't em börch dei ollen Uhren,
As Stormwindslied
Bi Winterstied:
„Verluren! verluren! Jehann verluren!"
Drup wankt hei furt; kein Späuken jögt[1)]
Em börch dei Nacht mihr, börch dei Dannen.
Wat Späuken hier! Hei süht Jehannen. —
„Dat was sien Herr, hei was sien Knecht.
Oh Herr! Oh Herr! Wer hett nu Recht?
Dien Satzung kann dei Minsch verstahn,
Doch wat dei Minschen doatau dahn,
Verstah, wer kann!" —

1) jögt = jagt.

Un lehnt sich an 'ne Wied heran
Un kickt herup tau'n Stiernenheben[1]):
„Herr Gott, Du weit'st allein Bescheid!
Doa stahn s' un gahn s' in Ewigkeit,
Wat 's gegen bei ein Minschenleben?
Doa stahn s' un gahn s' in ehre Pracht,
Dag ore Nacht;
Du leggst Dien Hand mit Segen drup,
Un Stiern un Mahn un Sünn geiht up;
Dien Segen deiht dei Welt regieren,
Wat kann ein Minschenfluch bedühren[2])?

---

1) Stiernenheben = Sternenhimmel. 2) bedühren = bedeuten.

10.

Dei Vertwievlung.

Heil Chriſtdag¹) Abend. — Oh, wo ſäut
Sitt All'ns tauſam in Leiflichkeit!
Dei Mutte hett dat Kind in Arm
Un' kickt dat leiw un ſeelig an
Un drückt dat an ſich faſt un warm;
Dei Vahre röpt den Jungen 'ran
Un will den Schlüngel ſpälen liehren,
Wo hei dat Hottepierd²) möt rieren,
Wo hei den Tägel³) ſaaten möt,
Un wo hei möt bei Pietſch regieren.
Sien Weisheit äwe kümmt tau ſpäd;
Dei Schlüngel weit all gaut Beſcheid,

¹) Heil Chriſtdag = Weihnachtstag. 2) Hottepierd = Hott=
pfeidchen, Steckenpferd. 3) Tägel = Zügel.

Hei maakt dat so, as Jochen deiht,
Un set't sich up un fött den Toom
Un jögt herüm un maakt sich krähnsch[1]),
Jögt üm binah den Dannenboom —
Dei Schimmel is so werredähnsch[2]). — —

Un dörch bei Ollen ehr Wesen klingt
'Ne wunderschöne Melodei,
Dei dörch bei bäglich Noth un Mäuh
Süs Dags[3]) nich bet taum Harten bringt.
Un in ehr Hart, doa wirkt un wewt
Dei Leiw en sinnig Bild tausamen;
Wat lang all dod, wat frisch noch lewt,
Dei ollen Ollern[4]) un bei Kinne,
Dei fött sei in den riekften Rahmen
Un wewt in ehr Gewew herinne
Mit goldnen Faden Glück un Segen.
Wo schütt ehr Spaul[5]) so lustig 'räwe!
Wo schleiht sei fast bei Lahd doagegen!
Dei Leiw, dat is en dägten[6]) Wewe! —

---

1) „krähnsch" wird von der stolzen Halsbiegung eines Pferdes
gebraucht. 2) werredähnsch, eigentlich = widerdänisch,
d. h. widerspenstig. 3) süs Dags, eigentlich = sonst Ta:
ges, d. h. für gewöhnlich. 4) Ollern = Eltern. 5) Spaul
= Spule, hier das Weberschiffchen. 6) dägt = tüchtig.

Un glücklich sitten beibe Ollen —
Dei Wewe is ehr woll bekannt —
Un brücken truulich sich bei Hand:
„Dat sall woll hollen!" —

Un buten wirkt en annern Wewe,
Schütt of sien Spaul recht lustig 'räwe;
Hoch up den Barg, boa steiht sien Stauhl;
Hei leggt sich 'rup mit ganzen Liew,
Wo knirrt un knarrt dat oll Gedriew[1])!
Wo klappt bei Lahd, wo suus't bei Spaul!
Dei Stormwind wewt sien Winterwand[2]) —
Sien Uptog Nacht, sien Inschlag Schnei —
Un singt boatau 'ne Melodei,
Dei bruus't so schuurig dörch dat Land,
As wieren 'rut bei bösen Geister;
Is of en dägten Wewemeister! — —

In ehre Kamer sitt Mariek —
Wat is dat för en Weere buten!
Dei Storm fegt äwer'n Mählendiek
Un schmitt den Schnei in wille Weihn

---

1) Gedriew = Getriebe. 2) Wand = Tuch, Gewand; daher
Wandschneider = Tuchhändler.

So scharp un schniedig an dei Ruten —
Sei sitt bi ehre Lamp allein;
Bald sitt sei still, bald rögt s' dei Knütt[1]) —
Dei Uhl, dei kriescht: „Kumm mit! Kumm
                                         mit!" —
Un schuddernd gütt't[2]) ehr bal den Nacken;
Sei foahrt tau Höcht, sei schurrt tausam:
„Ja bald, ja bald! — Jk kam, ik kam."
Dat Oog dat gläuht, un up dei Backen,
Doa liggt 'ne Farw, dei brennt un lücht,
As wenn en bitterbösen Schimp
Dat Blaut ehr jög[3]) in dat Gesicht.
Bald schlütt s' dat Oog, as wull sei rauhn,
Bald knüt't s' ehr Strümp, — so'n lütte Strümp! —
So wirr un hastig is ehr Dauhn,
As wieren ehr Gedanken wiet
An annern Urt, in anner Tied,
As wenn s' sich ierst besinnen müßt. —
Ja — Wiehnacht=Heiligabend is 't.
Ja — 't is all lang' — all lang is 't her,
Dunn kreeg s' mal wat tum heil'gen Christ;

---

1) Knütt = Strickzeug. — Knütten = stricken   2) gütt't =
   gießt's.   3) jög = jagte.

Ehr Bahre bröcht ehr Stuten¹) mit —
Hei was dunn gaut noch in dei Wehr²) —
Un wat ehr Päding³) was, bei Schmidt,
Dei hahr ehr mal vier Schilling geben.
Dunn dehr ehr Mutting ok noch leben,
Dei bünzelt⁴) ehr denn Poppen t'recht —
Kein ornlich — nee! — man blot von Plün'n⁵),
Von Allens, wat sei just künn fin'n —
Sei hahr'n ok eig'ntlich kein Gesicht,
Un ok bei Bein, dei dehren fehlen;
Sei künn boa äwerst schön mit speelen,
Sei hahr ehr Schört un Däuke neigt⁶),
Un hahr sei führt up Bahrers Kahr⁷),
Un in den Backtrog hahr sei s' weigt. —
Ach, wenn s' allwiel 'ne Weig doch hahr! —
Ach, wo verlaaten sitt sei boa!
Ehr Mutting dod so männig Joah,

---

1) Stuten = Semmel. 2) „gaut in de Wehr" ist eine Re-
densart für „in guten Umständen". 3) Päding dimin.
von Päd = Pathe. 4) „bünzeln," mit Bündel zusam-
menhängend, heißt aus Zeug, Lappen, Bändern etwas zu-
sammenwickeln und knoten. 5) Plün'n = Lumpen, Flicken,
Lappen. 6) „neiht" und „neigt" = genähet. 7) Kahr
= Karre.

Ehr Bahre bod — oh, un Jehann! —
Dat wille Feewe packt fei an
Un jögt bei Ahren up un nerre
As gläugnig Füer; un denn is 't werre,
As wenn 'ne kolle Dodenhand
Von binnen löscht ben willen Brand
Un 'rüm an ehren Harten ritt. —
Dei Stormwind bruus't. — „Kumm mit, kumm
mit!"
Kriescht heisch[1]) dei Uhl. „„Ik kam, ik kam!
Mien Jammer hett denn mal en En'n."„
Un sackt taurügg un sackt tausam
Un fött den Kopp in beide Hän'n
Un drückt, as müßt s' mit duusend Kähden[2])
Tausam sich dei Gedanken schmäden[3]). — —

Nu horkt sei up. — Hett sich wat rögt? —
Sei geiht an 't Bedd; vöräwe bögt
Süht s' in dei ollen Küssen 'rin;
Un 't is, as wenn en warme Strahl
Von Gottes Leiw un Gottes Sünn

---

1) heisch = heiser. 2) Kähden = Ketten. 3) schmäden =
schmieden. 4) rögt = gerührt.

Hell schient in 't düst're Hart-hendal.
Dei Nacht möt wieken vör dat Licht,
Un all 't unheimlich Schummern[1]) flüggt;
Ehr Welt liggt vör ehr kloar un warm
Un jung, as 't Kind in ehren Arm;
Dei Thranendau, dei kühlt dat Oog,
In'n Harten Nachtigall ehr schlog,
Un üm den fründlich hellen Mund,
Doa bläuhn vähl duusend Blaumen bunt,
Un ob dat buten weiht un schnie't,
In ehr is säute Frühjoahrstied.
Laat 't schnien, laat störmen, laat bruusen den
Wind! —

Sei un ehr Kind! — Sei un ehr Kind! —
Un as s' dat Jüngschen vör sich hewt,
Dunn lacht ehr Hart för Freuden luut:
Dat is ehr Welt, in dei sei lewt,
Wo süht ehr Welt so leiflich ut! —
Dei Leiw, dei wirkt, dei Leiw, dei wewt
Dörch 't Hart den Hoffnungsfaden ehr,
Von 'n Himmel hoch, doa kümmt sei her

---

1) Schummern = Dämmern, Dämmerung.

Un bringt of ehr'den heil'gen Christ¹),
Un Wiehnacht=Heiligabend is 't. — —

Un as sei noch so seelig seet,
Ehr leiwes, lüttes Kind in Arm,
Un all ehr bitt're Noth vergeet,
Dunn ward doa buten so'n Lärm,
Doa rummelt nah bei Dähl wat 'rup.
Un as bei Stubendöhr geiht up,
Dunn is 't oll Toppelsch mit 'ne Weig:
„Süh so, Mariek, nu kümmst in Reig'²),
Doa legg den Prinzen man herin." —
„„Oh, Nahwersch, wenn if boch eins künn
Jug all Jug Gautheit mal vergellen!"" —
„Ih," fängt bei Olsch nu an tau schellen,
Klappt von bei Tüffeln³) sich den Schnei
Un schürrt em af von ehren Dauf,
„Ih, Mäten, segg, büst denn nich klauf?
Meinst Du, dat Unsereins en Veih?
Dat if bat ruhig mit anseih,

<hr>

1) Die Bezeichnung „heilig Christ" wird auch für „Weih=
nachtsgeschenk" gebraucht. 2) Reig' = Reihe. 3) Tüf-
feln = Pantoffel.

Wo dat Du hier in Weihdag'¹) sittst
Un mit dat Worm hier Elend littst.²)?
Nee! — Sülwst mien Oll, dei nich vähl seggt,
Seggt hüt tau mi: „Wo dücht Di dat?
Keem wi woll nich ahn Weig taurecht?
Du hest jo äwe Joahr Kein hatt,
Un Jöching, dei 's jo nu all gatlich³),
För den'n findt ok en Flach⁴) sich noch,
Den'n legg wi in den Backeltrog,
Doa liggt dei Schlüngel jo ganz staatlich.
Bring ehr dei Weig doch 'rümme,“ sähr 'e,
„Un nimm ehr ok en Küssen mit;
Sei hett am En'n noch nich so'n lütt.“
Un ornlich schellen warden dehr 'e,
As ik nich gliekften vör em leep.
Herr Je, Mariek, wat is 't för Weere!
Un wo dei Uhl so gruuglich reep!
Ik hew so bägern mi verstert⁵),
Wenn dat man blot nich Unglück bruut.“ —
„„Ach, Nahwersch, ja! — Ik hew 't woll hürt;

---

1) Weihdag', eigentlich = Wehtage, d. h. Schmerzen. 2) littst
= leidest. 3) gatlich = ziemlich, handlich 4) Flach =
Fleck, Stelle. 5) verfieren = erschrecken.

Mi hett allein hier ornlich gruut."' —
„Un denn is 't bi Di ok so kolt,
Doa kann dat Lütt Di jo verklamen[1])." —
„„Ach Gott, if glöw, doa is kein Holt.
Na, täuw S', if will . . . ."" — „Du darwst
                                    nich 'rut!

If sinn so vähl woll noch tausamen. —
Herr Je, wo Di dei Backen brennen! —
Nee! — So'ne Uemstän'n möt if kennen;
If bünn 'ne Fruu, if möt dat weiten.
Süh, Du gefölst mi goa nich recht,
Hahrst Di man in dat Bedd 'rin leggt. —
Na, täuw, if will Di Füer bäuten[2])." —
„„Süs dehr mi Daniel dat besorgen,
Hüt hett hei woll kein Tied nich hatt."" —
„Ja, Mien, dei sähr, hei wier hüt Morgen
Vör Dau un Dag all in dei Stadt
Herinne schickt nah Wiehnachts=Saaken. —
Na, täuw, if will Di Füer maaken." —
Un 'rute löppt s' un bött doa Füer,
Un as dat schön in 't Brennen wier,

---

1) verklamen = erstarren. 2) bäuten = heizen.

Dunn hahlt s' bei Küssen, maakt sei warm
Un nimmt Mariek dat Kind von'n Arm
Un leggt dat in bei Weig: „Süh söking¹)!
Wo liggt hei nüblich boa, Herr Jeking!
Un wo hei kickt! — Je, kiek Du man!
Un wo bei Hand all grippt, ach Götting!
Nee, kiek doch blot mal an dat Lütting!
Hei sött sich an bei Weig all an.“
Woll kickt Mariek em an un seggt:
„„Ach, dat Sei mi bei Weig hett bröcht....!“„—
„Ih, red doch doavon nich mihr, Diern!
Ik hew s' Di bröcht un dehr dat giern.
Un dat 's 'ne Weig, Du kannst mi glöben,
So'n deiht 't in 't ganze Dörp nich geben:
Kiek nipp mal tau — von Beerboomholt²).
Nu is sei frielich schlicht un olt,
Doch as sei nieg³) noch was, mit robe Bein
Un hellblag Lief, dunn süllst Du s' seihn!
Dat was en staatsches Arwstück³) dunn.
Na, Toppel leet s' nahst gries anstriken,
Un bei oll Farw is ok all 'run,

---

1) söking, dimin. von so. 2) Beerboom = Birnbaum. 3) nieg
= neu. 4) Arwstück = Erbstück.

Nu deiht f' sich frielich nich miehr glieken.
It hew f'. noch von mien Ollern[1]) kregen.
Ja, Diern, doa hew ik sülwst in legen,
Un denn bi mi nahst all mien Nägen[2]). —
Nee, kiek, Mariek, hei maakt all Öging[3])!" —
""Ach, Nawersch[4]), ja! — Wenn blot Ehr
Jöching,
Wenn dei man blot nich Schaden nimmt."" —
"Dei? — Nee! — Ih wo! — Dei Schlüngel
kümmt
Bald in fien sößteihst[5]) Mahnd[6]) herin;
Un wenn dei Dart ierst so beiht sin,
Dat f' börch fünd mit dei iersten Tähnen,
Un dat f' en Bäten loopen känen,
Denn möten f' 'rute ut dat Nest;
So is dat bi mi ümme west.
Dei Annern hebb'n so lang' nich legen,
Un hew f' bet jetzt doch grot all kregen. —
Mäuh maakt dat ierst; ja, vähle Mäuh!
Vör Allen bi dei iersten drei,

---

1) Ollern = Eltern. 2) Nägen = Neune. 3) Ögings ma=
ken = Äuglein machen, äugeln. 4) Nahwersch = Nach=
barin. 5) sößteihst = sechszehnte. 6) Mahnd = Monat.

Un wenn sei fīr up 't Anner kamen;

Doch is en Hümpel[1]) ierst tausamen,

Denn beiht sich dat all beter fäuden[2]),

Denn kann bei Ein dat Anner häuden[3]),

Un dauhn sei ierst man hartlich sin,

Denn hett en of Plesir doaran:

Mien Ōllst[4]) tum Bispill, mien Jehann,

Dei hött nu all bei Faselschwien[5]);

Un kiek, Mariek, wo lang' ward 't woahren?

Denn nimmt sien Herr em bi bei Pier,

Denn bei Verstand kümmt mit bei Joahren.

Un wenn if so as Du nu wier,

Denn weit 'k nich, ob 'k mi grämen künn,

Dat 'k mit so'n lüttes Wörmken seet.

Nu mag Di dat schanirlich sin —

Un 't drückt Di jo noch anner Leed —

Doch paß mal up, hest Du 't ierst groot

Un is 't en dägten Kierl ierst worrn,

Un beiht hei gaut Di hüt un morrn,

---

1) Hümpel = Haufen. 2) fäuden = füttern, und daher auch
= aufziehen 3) häuden = hüten. 4) Ōllst = Ältester.
5) Faselschwien, werden Schweine genannt, welche dem
Alter nach zwischen Ferkel und Mastschweinen stehen.

Denn littſt, up 't Ölle ok kein Noth." —

„„Oh nich! Oh, laat. So doch ſin

„Wes ſtill! —

If reb jo doch man ſo. Dat ſüll

Di jo nich in bei Finſtern ſchlahn.

Ach Gott, if reb un if ſüll gahn!

Mien Diern, mien Fiek, ſall Tüften[1] bräben,

If hew ſei bi bei Pann henſtellt,

Dei hett ſ' gewiß verbrennen laaten.

Nee, nicks as Arger up bei Welt!

Un benn bei zackermentſchen Jöhren!

Wenn ſ' benn man blot uppaſſen behren!

Dat mägen ſchöne Tüften ſin!

Gun Nacht, lütt Jüngſchen, na, gun Nachting!

Nu ligg of ſtill un ſchlap of ſachting! —

Un Du, Mariek, Du bliſſt mi in

Un geihſt nich 'rut! Un nu gun Nacht! —

Un bei oll Pann is all ſo bünn,

Dat mägen ſchöne Tüften ſin!" —

Sei geiht. — Marieken rückt ſich ſacht
'Ran an bei Weig un nimmt bei Knütt

1) Tüften = Kartoffeln.

Un bögt sich frünblich äwer 't Lütt[1)]

Un flustert säute Leiweswüürd —

Wer hett s' ehr liehrt[2)]? —

Un weigt ehr Kind tum ersten Mal. —

Dei Weig, dei rögt sich up un dal,

As wenn in stille Heimlichkeit

'Ne Stubenklock in Freden geiht.

Un mit den ollen truuen Schlag

Inweigt dei Unrauh un dat Weih,

Wat schwer uns up den Harten lag.

Sei singt 'ne olle Melodei —

Wo hett sei s' hürt? —

Ein wunnersäutes Singen wier 't,

So weik, so warm, so vull von Rauh;

Den Text, den maakt ehr Hart boatau:

  Mien säutes Leben,

  Du büst mi geben,

  Du büst mien Hoffen,

  Du büst mi bleben!

  Un hett mi Noth un Elend troffen,

  Di holl ik s' fiern.

  Wo giern! Wo giern!

[1)] Ein Säugling wird vorzugsweise „dat Lütt" genannt.

  [2)] liehrt = gelehrt.

Du sallst nich ken'n —

If will't woll wen'n[1]) —

Wat uns bedrapen;

Mit miene Hän'n

Riet if bei wieder Welt Di apen[2]).

Sallst glücklich sien,

Frie unne Frie'n!"

Hei hett nich schreben,

Wo hei is bleben

Is hei all storben?

Dien Bahre'? dreben

Ut 't Vahreland. — Is hei verdorben?

Un süll hei 't sien,

Hei blift doch mien.

Hei was kein Müre[3]),

En Kierl blot wier 'e

Dien brave Vahre!

Kraft in bei Gliere,

Un hellen Mauth in jede Ahre,

Un leiw un truu!

So ward ok Du!

Un büst Du 't worrn

Hüt' ore morren;

Denn treck[4]) w' em nah;

Up frieen Born[5])

---

1) wen'n = wenden. 2) apen = offen. 3) Müre = Mör-
der. 4) trecken = ziehen. 5) Born = Boden.

Säuk[1]) w' em. denn in Amerika.
Doa putt sich eben
So gräun bei Jer,
Doa lacht bei Heben
So blaag as hier,
Doa riept bei Seegen,
Doa bläuht bei Boom,
Doa föllt bei Regen,
Doa bruus't bei Strohm,
Doa lüchten Sünnen,
Un Wolken teihn,
Doa ward verschwinnen,
Wat lang' gescheihn;
Dei Nebel wieken
För Morgenwind,
Vör sien Marieken
Un vör sien Kind.
En niees Leiwen, en niees Leben! —
Doa ward uns denn ok Hüsung geben.

Un as s' noch in 'n Gedanken sitt
Un liesing süngt bei Melodei,
Dunn kümmt heran en schweren Tritt,
Ein trampst[2]) sich buten af den Schnei
Un grawwelt[3]) an bei Klink herümme;

---

1) säuken = suchen. In der ersten und zweiten Person Plur.
wird, wenn das Pronomen nachgestellt wird, meistens die
abgekürzte Form z. B. „treck w', säuk w', statt „trecken
wi, säuken wi" gebraucht. 2) trampsen = trampeln,
stampfen. 3) grawweln ist das iterativum von greifen.

Staathöller[1]) Brümme kümmt hérin:
„Gun Abend, Diern!" — „„Gun Abend,
Brümme!""

Un foahrt tau Höcht: wat süll dat sin? —
Wat süll hei will'n? — Ehr Hart, dat schleiht:
Wenn 't man nicks Schlimmes wesen deiht! —
„Mariek, weit Gott, if dauh 't nich giern!
Nimm Di dat nich tau Harten, Diern!" —
Sei fött em an: „„Wat noch? Wat werre?"" —
„Marieken, still! — kümm, sett Di nerre!
Gott weit; dat if nich änners kann;
Sei reep mi sülwst an 't Finster ran
Un hett mi 't up dei Seel befahlen,
If süll noch hüt nah Di hendalen
Un süll Di segg'n: Dat wier nu ut,
Hier ut dei Hüsung müßt Du 'rut,
Du süllst nah 't Nebengaut tau Haw[2])." —
Sei lett em los un set't sich bal:
„„Dat is dat? — So? — Ach, 't is egal,
Ob 'f hier, ob 'f doa herümme flaw[3]).""

1) Staathöller = Statthalter; wie die Vögte genannt wer=
den. 2) tau Haw = zu Hofe, d. h. um dort Hofdienste
zu verichten. 3) flawen = Sclaven=Arbeit verrichten, für
jede schwere, zumal wiederkehrende Arbeit gebraucht.

Un folgt bei Hän'n in lehren Schoot:

„„Dat is dat? — So? — Dei Wahnung blot?"''

Un süht sich in ehr Kamer üm

Un seggt mit truurig sachte Stimm:

„„Un 't is doch schwer, dat if sall furt.

Hier hew if lewt sied mien Geburt;

Hier hew if spält[1]) in jungen Dagen,

Hier hew if Noth un Elend dragen,

Hier fünd mien beiden Ollern storben,

Hier is mien ganzes Glück verdorben.

Dat 's nu vörbi. — Wo tau noch klagen?

If möt un fall un ward of gahn.'''' — .

„Dat 's recht, Mariek! Man nich verzagen!

Du möst dat ut den Sinn Di schlahn. —

Dien Kind, dat sall denn (utdahn[2]) warden."

„„Wat seggt hei? Wat?"'' — Sei flüggt tau

Höcht. —

„„Mien Kind? Mien Kind? — Wat hett Hei

seggt?"''

Dei Lipp, dei schwiggt; dei Oogen starren,

Sei steiht so schrecklich antauseihn,

1) spält = gespielt. 2) utdahn = ausgethan, d. h. bei An=
dern in Pflege gegeben.

As. wier fei Jes, as wier fei Stein;
Oll Brümme 'springt nah ehr, heran;
„Mariek!! Mariek!'' un fött, fei an
Sei ritt, fich von em los une, fchmitt¹)
Sich äwe Weig un Kind un ritt²)
Dat Jüngfchen ut bei Küffen 'rut:
„„Utdahn! Utdahn! — Ja, dauht't man ut! —
Utdahn! —, Utdahn! — Ik weit Befcheid. —
Utdahn, fo as en 't Licht utdeiht!'''' —
Springt in bei bütelft³) Eck taurügg.
Un brückt un drängt fich an bei Wand
Un höllt fo faft ehr Kind an fich
Un recht fo wild nah pör bei Hand:
„„Furt! Furt! — Dit is mien Einzigft jetzt,
Dit is mien Leiwft, dit is mien Letzt;
Dit Ein, dit hett mien Allens koft't,
Hier! Riet't dat Hart mi ut bei Boft⁴)!
Mien Hart, mien Leben,
Will if Jug geben,
Dit Ein
Allein

---

1) fchmitt = fchmeißt, wirft. — 2) ritt = reißt. 3) bütelft
= äußerfte. 4) Boft = Bruft.

Is mien, is mien!

Mien einzigst Deihl up dese Jer!"'" —

Ollu Brümme bibb't: „Marieken, hür! —

Kumm her, mien Kind, hür doch up mi! —

Sei ward't nich dauhn. — Nimm Di tausam! —

Sei meint 't woll nich so bös mit Di!" —

„„So bös? — Oh, nee! — Sei is jo fram. —

Utdahn! — Dat 's hüt mien heilig Christ!

Un Wiehnacht-Heiligabend is 't"'"

Un lacht so grell un redt so wild,

Un het't so hastig un so hild[1])

Un weigt in Arm dat lütte Wesen.

Den ollen Mann ward gruun un gräsen[2])

Em ward so bang; hei känn s' nich räuken[3]),

Hei möt sich Hülp bi Nahwers säuken;

Hei stört't herut. — Sei steiht un luurt:

„„Ja, Jünging, ja! Nu sünd sei furt!"'" —

Sei kickt so wild un schlickt hervör

Un horkt so ängstlich an bei Döhr:

Dei Stormwind buten bruus't mit Macht,

---

1) hild = geschäftig. 2) gräsen, von gras, ist noch stärker, als grauen. 3) räuken = pfleg n, regieren, Handreichung thun.

Dei Uhl röpt schuurig börch bei Nacht:
„Kumm mit! Kumm mit! Kumm mit, mi
gruut!" —
„„Un wenn Di gruut, mi grüut hier ok!""
Un schleiht üm 't Kind den dünnen Dauk
Un stört't in Schnei un Nacht herut.
„Kumm mit! Kumm mit!" — „„Ik kam,
ik kam! —
Nah ehr, nah ehr! Sei is jo fram;
Bi ehr is hüt ok heilig Christ,
Un Wiehnacht=Heiligabend is 't."" —

Dat huscht bei Goahrenmuur entlang,
Versteckt sich achter'n Boom so bang,
Dat steiht un kickt un bögt sich vör,
Dat schlickt so heimlich in bei Döhr
Un äwr'e Dähl[1] un fött den Drücke
Un klinkt so lies', un Wiehnachtslicht
Strahlt up en Dodenangesicht. —
Dei Stormwind singt sien willen Stücke,
Dei Schnei danzt börch bei Winternacht;
Un is dat ok en schuurig Weben,

1) Dähl = Diele, vorzugsweise aber gleich „der Flur".

So is 't, doch noch en warme Leben,
As binnen bi dei Lichter=Pracht. —

Kein Minsch hett seihn,
Wat doa gescheihn;
Kein Minschenkind hett je nah Joahren,
Wat binnen spraken is, erfoahren.
Dat was en Bibb'n, en knäglich[1]) Quälen,
Dat was en Schell'n, en hart Befehlen,
Dat was tauletzt en hellen Schrie —
Dunn was 't vebi. —

Un 'rute stört't wat ut bei Döhr,
Un brückt wat haftig an sich 'ran,
As wenn 't dat nümme missen kann,
Un schwankt un schwäkt[2]) so hen uu' her
Un grippt un tast entlang bei Wand
Un grippt un fött[3]) nah eine Hand,
Dei 't hollen fall.
Kein Hand is doa,
Sünd storben un' verdorben All.

_____

1) knäglich = kläglich, flehend. 2) schwäken = schwach ein=
her wanken. 3) grippt un fött = greift und faßt.

Kein Hand höllt mihr bei arme Diern;
Dunn süfzt sei schwoa;
Dunn is versunken
In wiede Fiern
Dei Nacht un Qual;
Un duusend Funken,
Un duusend Stiern
Gahn up un dal,
Un Klocken klingen
Uem ehr herüm,
Un Engel singen
Mit säute Stimm;
Ehr schwindt allmählig,
Woran sei dacht,
Ehr ward so seelig,
Ehr ward so sacht,
Un sei sackt¹) dal, erlöst von Weih,
Herinne in den weiken Schnei,
An 't Hart von wille Wintenacht. — —

Un bin'n is ok en willes Jagen,
Un Lichter gahn ok up un dal,

---

1) sackt = sinkt.

Un Klocken kling'n un warden tagen[1]),
Un dat Gesin'n stört't in den Saal,
Un alle Hän'n, dei bauhn un plegen:
Dei Fruu, dei hett ehr Krämpfen kregen. — —

Oll Daniel kümmt von Stadt taurügg,
Dunn stahn sien Pier un schnuen sich;
Dat is, as wenn wat Schwarts doa liggt;
Un as hei von den Wagen stiggt,
Dunn fött hei eine kolle Hand,
Dunn süht hei in ein bleik Gesicht —
Ach Gott! dat was em woll bekannt:
„Mariek, Mariek! Dat Gott erbarm!"
Hei nimmt dat Kind ut ehren Arm
Un böhrt[2]) dei Mutte sacht tau Höcht
Un hett sei up den Wagen leggt
Un führt — wohen? — Wohen denn nu? —
Ja richtig! — nah dei Möllefruu.
Dei nimmt sei up un hett sei hegt,
Von 't ganze Dörp is s' räukt un plegt,
Dei Ein bröcht dit, dei Anne dat,
Dat Kind hett Toppelsch mit sich nahmen,

---

1) tagen = gezogen. 2) böhrt = hebt.

Sei hahr jo äwer Joah kein hatt;

Doch as bei Sprak ehr werre kamen,

Dunn föllt s' in wille Raserie;

Dat Fewer bruus't ehr börch bei Ahre:

„Jehann! Ehr Kind! Ehr olle Vahre!

Amerika! Doa ward sei frie!"

Denn hett s' üm Hüsung werre beben;

So hett sei vähle Wochen leben[1])

Un twischen Dod un Leben rungen,

Doch endlich het 't bei Jugend dwungen,

As s' äwerst von dat Lage stünn[2]),

Dunn was dat Nacht in ehren Sinn;

Wat All gescheihn, ehr was 't verschwunnen,

Ehr Noth un Leed was all vergeten,

Still un gedüllig hett sei seten;

Uns' Herrgott hahr en Utweg funnen.

---

1) leben = gelitten. 2) in dieser Redensart wird „stehen"
   für erstehen, aufstehen gebraucht.

11.

Dei Nacht.

Dei Frühling kam mit all sien Gräun
Un all sien Blaumen antauteihn?
Un streut sei ut mit vulle Händ,
As wenn hei recht spillunken[1] wull;
Den naakten Barg, den kahlen Sand,
Den'n schmeet hei s' tau mit Hännenvull,
Un sülwst in Diestel un in Duurn
Hett Blaumen hei un Gräuns verlur'n.
Un as hei hahr dit Stück verricht,
Dunn müßt hei sülwst sich dräwe freun;
Wo lacht sien helles Angesicht,
As hei sien Maakwark hett beseihn!

---

1) „spillunken", verstärkt für „spillen = verlieren, durch Nach=
läfsigkeit etwas verstreuen. Spillunken daher = etwas
muthwillig verstreuen, verschwenden.

Wo lacht sien kloares, blaages Oog,
Wenn 't 'run keek up bei gräune Flur!
Wo horkt hei up un spitzt dat Uhr,
Wenn Nachtigahl un Hämpling schlog!
Un danzt herümm un juchheit luut:
„Süh so! Nu hew ik putzt dei Bruut!
Un spält mit sieuen Schatz Verstek,
Luurt 1) ut den gräunen Holt herut
Un duukt 2) sich in dei kloäre Bäk,
Verkrüppt 3) sich in dat gräune Musch 4)
Un leggt sich heimlich achter 'n Busch
Un lacht so lüstig un so säut,
Wenn siene leiwe Bruut nich weit,
Wo eigentlich dei Spitzbauw is.
Un springt herut un höllt sei wiß 5)
Un nimmt sei lachend in den Arm
Un drückt sei an sich weik un warm
Un foppt un brüdt 6) un lacht un küßt:
„Wenn Du mien Schatz man blieben wist 7),
Bruukst nich tau weiten, wo ik bün;

1) luurt = lauert und auch = lauscht. 2) duukt = taucht.
3) verkrüppt = verkriecht. 4) Musch = Moos. 5) wiß
= fest. 6) brüden = necken. 7) wist = willst.

Ik bünn balb hier, ik bün balb boa,

Ik schien up, Di herum as Sünn,

Ik späl as Wind mit Diene Hoa,

Ik sing as Vagel Di tau Rauh

Un deck Di denn mit Blaumen tau,

Ik weig as gräune Lindenboom

Di in den säuten Kinne=Droom

Un wenn Du drömst[1], denn fött Di warm

Mien Leiw as stille Nacht in 'n Arm.

Doch nu, mien Schatz, nu kümmt dat Best,

Nu kümmt uns' lustig Hochtiedsfest;

Ik hew den Dag up Pingsten set't,

Un boatau is ein Jeder beben,

Dei Lust tau Leiw un Leben hett;

Ik sähr 't ehr All, ik sprök[2] mit Jeden:

Dei Boom, dei bringt sien junges Gräun,

Dat Kuurn sien Oahr[3], dei Blaumen bläuhn,

Tau putzen unsen Hochtiedssaal.

Un äwe Barg un äwe Dahl

Tüht Allens, wat sich freuen kann,

Teihn all dei muntern Gäst heran;

---

1) drömst = träumst. 2) sprök = sprach. 3) Oahr = Ähre.

Dei Hund enfängt sei vör dei Döhr
Un schnitt[1]) ehr Cumplementen vör;
Dei Katt sitt up den Kanapeh
Un nimmt dei Gäst boa in Enfang;
Dei Kater präsentirt den Thee;
Tanzmeister is dat flinke Reh,
Un iernsthaft an bei Wand entlang
Sitt Ahnt un Gaus[2]) as olle Tanten.
Dei Voß spält Schapskopp mit den Ganten[3]),
Un Oß un Esel Trudelduus;
Dei lütten Vägel fünd Muskanten,
Dei Lewark[4]) bringt den Morgengruß,
Un wenn wi 's Abends gahn tau Rauh,
Denn singt dei Nachtigahl doatau.
Dei Minsch hantiert as Herr von 't Huus,
As Tafel= un as Kellermeister,
Hei bringt up Brüjam[5]) un up Bruut.
Mit helle Stimm dat Vivat ut,
Un unse Herrgott is dei Preister.“ —

Un Pingsten is 't; mit gräune Riefer

---

1) schnitt = schneidet. 2) Ahnt un Gaus = Ente und Gans.
3) Gant = Gänserich. 4) Lewark = Lerche. 5) Brü=
jam = Bräutigam.

Sünd putzt bei lütten, dürft'gen Hüüser,

Dei Frühling kickt mit siene Sünn

In 't arme lütte Dörp herin,

Un Mann up Wief sitt vör bei Döhren.

In Frieen unne gräune Mai'n

Un seihn mit Lust, wo ehre Jöhren

Sich ehres jungen Lebens freu'n.

Dei Nahwer kümmt un set't sich dal

Un hölt 'ne ollverstännig Rehr —

Hüt nich von bäglich Noth un Qual —

Nee, wo 't vör Tieden wesen dehr:

Wat hei von sienen Vahre hürt,

Un wat Grotvahre boatau sähr,

Wat in dei Kriegstied wier passirt,

Un dat hei ok Kusaaken¹) seihn,

Un wenn dei grote Wind dehr weihn,

Un wo dat doch so nahrschen wier,

Dat em dei Piep güng ümmer ut —

Un halt dei Tunnebüß²) herut —

Dei Tobak dög³) jetzt ok nicks mihr.

Ja, in dei ollen gauden Tieden,

---

1) Kusaaken = Kosacken. 2) Tunnebüß = Zunderbüchse.
3) dög = taugte.

Dunn höll bei Tobak of noch Für;
Indessen wull hei 't of. nich striesen,
Dat 't noch in Ganzen gatlich wier,
Vör All'n in't Frühjoahr un üm Pingsten,
Hei sähr of up dat Ganze nicks;
Veracht't bei Welt nich in Geriûgsten,
Blot bei Tobak, bei bög nich mihr. —
Hahlt werre Tunne ut bei Bücks: —
„Dat Deuwelstüg, dat höllt kein Für!" —

Un vör oll Toppeln siene Döhr,
Doa sitt dat Allens, Jöhr bi Jöhr,
Un krawweln 'rümme in ben' Sand
Un wirken, spälen allerhand
Un wöltern¹) sich un lachen luut
Un seihn so nüblich dreckig ut,
Un 't is 'ne Lust, un 't is en Larm,
Backabens²) buuen s', maaken Pütten³),
Un Liesch un Fiek, bei beiden sitten,
Ein jede mit en Jöhr in Arm.
Dat ein is Jöching. Ganz verbützt

1) wöltern = wälzen. 2) Backaben = Backofen. 3) Püt-
ten = Pfützen.

Süht hei hüt in dei Welt herin,
Oll Toppelsch hett em 'rute putzt
Un hett em weislich gegen Sünn
Sien Bahrers Pudelmütz upset't,
Un dat em dat recht nüblich lett,
Hett s' em en Uemschlagbauk ümbun'n —
Recht warm! — Doch ut dei Pie[1]) nah un'n,
Doa bammeln[2]) 'rut dei roden Bein. —
Dei Jung is prächtig antauseihn! —

Dei anne Lütt is man noch bümming,
Mit den'n, doa spält un bröggt sich Fiek.
Un nimmt em hoch: „Süh so! Nu kümming[3])!
Nu gahn wi 'n Bäten üm den Diek." —
Un as sei nah bei Möll[4]) 'rüm kamen,
Dunn sitt 'ne Fruu doa up den Süll[5]) —
Oll Daniel sitt mit ehr tausamen —
Dunn steiht lütt Fieken vör ehr still
Un dreiht nah ehr herüm dat Lütting:

---

1) Pie = Kinderrock; auch wohl Unterrock der Frauen. 2)
bammeln = baumeln. 3) kümming = dimin. von kumm,
ungefähr zu übersetzen: Nun komm auch schön! 4) Bei
uns spricht man „Möll" und „Mähl" = Mühle. 5) Süll
= Schwelle.

„Süh, Hanning, kiek! Dat is Dien Mütting!"

Dei Fruu kickt up; sei hürt dat Wurt,

Sei süht dat Kind, sei lacht 't ok an,

As blot 'ne Mutte lachen kann;

Doch dei Gedanken wieren furt,

Un twischen hüt un twischen gistern,

Doa hahr'n sich dichte Wolken leggt,

Dei ehr Gemäuth un Sinn verdüstern.

Sei wendt sich an den Oll'n un seggt:

„Wat Reden! Wat Reden! Verstah sei, wer kann!

Wo schnurrig, wo sonderboa!

„Oh, wo Schad!" seggt oll Toppelsch un kickt
mi denn an

Un straakt[1]) mi bei Backen un 't Hoa.

„Oh, wo Schad!" seggt bei Möllefruu still vör
sich hen

Un geiht denn herut ut bei Döhr.

„Oh, wo Schad!" seggt oll Daniel un brückt mi
bei Hän'n,

„Wenn s' anners doch wesen dehr!" —

Dat is, as wenn sei truurig sünd;

1) straakt = streicheln.

Un mir's so froh tau Sinn',
As seet 'k nah Regen, Nacht un Wind,
Recht warm in Gottes' Sünn.
Wat hew ik Jug tau Leben dahn?
An mi geiht Allens vörbi,
Un wenn sei Sünnbags danzen gahn,
Denn geiht woll Keine mit mi;
Denn sitt 'k allein vör miene Döhr,
In miene Hand dei Knütt,
Denn kickt dei rode Mahn hervör,
Denn röpt dei Uhl: „Kumm mit!
„Kumm mit!" un heidi!, möt ik gahn
Woll äwe Stock un Stein,
Hen nah den Diek, hen nah dei Mahn!
Doa sitt ik denn allein,
Doa sitt ik unner'n Fleereboom
Un hür dei Bläder weihn,
Doa dröm ik männig ollen Droom,
Doa hew ik s' danzen seihn."
Un drückt sich dichter in sien Neeg¹)
Un flustert lief' den Ollen tau:

---

1) Neeg = Nähe.

„Un wer dat Danzen einmal seeg[1]
Den'n lett dat keine Rauh. —
Wenn lücht't dei Mahn
Wied äwer 'n Plan,
Wenn liggt dei Dak[2]
As wittes Lak[3]
Up gräune Wisch un gräune Wieden,
Wenn Mahn un Dak sich strieben,
Denn kamen s' an,
Ganz lies' heran,
Denn trippeln s' äwer 't käuhle Musch,
Denn russeln s' börch ben gräunen Busch,
Denn spälen s' ierst mit mi Verstek,
Den singen s' ut dei Mählenbäk,
Denn flustert lies' dei Boom mit mang,
Denn danzen s' an den Diek entlang,
Denn röpt dei Uhl: „Kumm mit, Mariek!"
Denn gah if 'ranne an den Diek
Un wasch mi miene Ogen kloar,
Denn seih if s' börch dat Waater teihn,
Denn sitt if up ben groten Stein

1) seeg = sah. 2) Dak = Thau. 3) Lak = Laken.

Un flecht mien langes, gehles Hoar,
Schmiet Strümpings un Schäukings¹) in 'n
gräunen Busch
Un maak mi so lichting üm miene Fäut²)
Un banz mit bei Annern up't käuhle Musch
Un hew denn an Danzen un Singen mien
Freud;
Denn singen s' un winken s' üt 't Waater herut:
„Kumm 'runne, kumm 'runne, Du schmucke
Bruut!"
Oh, wo säuting! Wo säuting! Wo säut!
Un wenn so tau Mauth nah dat Waater mi is,
Denn kümmt bei oll Daniel boatau,
Dei fött mi denn üm un bei höllt mi denn wiß
Un söcht mi mien Strümp un mien Schauh.
„Leiw Daniel, oh, laat mi! Dit is jo bei Stell.
Ik bliew hier bi Bäk un bi Busch,
Ik sing' hier un banz, wenn bei Mahn schient hell
Mit bei annern All up bat Musch.
Will baben un buuken in beipen Tiek,
Doa ward if mit Einen vertruut;

---

1) diminutiva von Strümpfe und Schuhe 2) Fäut = Füße.

Dat röpt mi jo ümme: „Mariek, Mariek!
Kumm 'runne, Du leifliche Bruut!" — —

Un einmal reep[1]) 't of goar tau säut,
Un Daniel was nich gliek tau Stähr[2]):
Dei Möllefruu löppt hen un her
Un frögt bei Lühd, ob keine wéit,
Wo woll Marieken wesen künn. —
Oll Daniel kümmt von 't Feld herin,
Un as hei hürt, wovon dei Rehr,
Dunn seggt hei still: „Ik weit ehr Stähr."
Geiht nah den ollen Fleereboom
Un nah dat Schülp[3]) an 'n Waatersoom,
Wies't mang dei Waaterlilgen[4]) 'rin:
„Doa ward s' woll sin,
Doa liggt sei unnen." —
Doa hebb'n s' denn ok Marieken funnen. —

As s' unner'n Fleereboom was leggt,
Dunn stahn dei Minschen still un stumm,
Blot Toppelsch böhrt en Kind tau Höcht:

---

1) reep = rief. 2) Stähr = Stätte, Stelle. 3) Schülp = Schilf. 4) Lilgen = Lilien.

„Süh, dat 's Dien Mutting, leiwes Kind! —
Ach Gott, Du büst woll noch tau dumm!" —
Un Mahn un Stiern, dei lüchten baben,
Un Bläder fluftern in den Wind,
Un ut dat Water süfzt dat Ruhr.
Drei Daag nahher, dunn was f' begraben —
Begraben? — Ja! — Doch an bei Muur.

12.

Dei Klag'.

Un männig Joahr is all vergahn;
An 'n Heben steiht dei stille Mahn,
Dei Nachtigahl kümmt äwer Nacht
Un fläut't[1] so säut un singt so sacht,
Un Waterlilg un Watermümmel,
Seihn still tau Höcht tum floaren Himmel,

Un kieken ut dat Waater 'rut
Un horken up den säuten Luut
Un flustern mit den Fleereboom
Un mit dat Schülp an'n Watersoom
Von olle Tied un olle Saaken,
Un dat en Minschenhart hier braken[2].

---

1) fläut't = flötet. 2) braken = gebrochen.

Still schient dei Mahn up 't suchte Graf,
Dei Boom, dei streut sien Blaumen 'raf,
Un in den Nachtigahlensang,
Doa örgelt Luft un Waater mang,
Un hebb'n dörch Nacht ehr Klagen sungen,
Wo hier en Minschenhart hett rungen:

Minschenhart, so gaud, so fram,
Bröf[1] hier eins vör Noth un Gram;
Köster lüdt[2] dei Klocken nich,
Preister bedt nich sine Sprüch;
Ahn Gebet un ahn Gelüb
Drögen s' Di mal still bi Sied.

Barmt sich Dien kein Minschenkind,
Barmt sich Jer un Well un Wind,
Heben weint in stille Truur,
Schülp, dat klagt, un 't süfzt dat Ruhr,
Vagel singt bei Liek tau Rauh,
Blaumen lüden Klocken tau.

Rauh in Freden, arme Diern!
'Runne seihn dei goldnen Stiern,
Sünn bi Dag un Mahn bi Nacht
Hollen truue Liekenwacht
Un vergoll'n dei kloare Bäk,
Wo Dien armes Hart eins bröf.

1) bröf = brach. 2) lüdt = läutet.

Weckt Di mal Posaunenton,
Steihst Du mal vör Gottesthron,
Denn raup uns, denn raup uns All:
Boom un Blaum un Nachtigall,
Raup bei ganze Creatur,
Raup bei Sünn un raup bei Mahn;
Wat doa lewt, bei ganz Natur
Sall as Tügen[1]) tau Di stahn!"

Dei Nachtigahl, dat Waater singt,
Dei Ier, bei ganze Heben klingt,
Wat lewt un wewt, dat bögt bei Knei
Un stimmet in bei Melodei:
„Un heilig, heilig is bei Stähr,
Wo 'n Minschenhart eins breken dehr!"

_____

1) Tügen = Zeugen.

13.

Dat En'n.

Un männig Joahr is all vergahn;
Dei frame Fruu is lang' begraben,
Un up ehr Postament, doa stahn
In goldne Schrift dei schönsten Wür[1]),
Dei ehre frame Dugend laben.
Un üm ehr 'rüm in käuhle Jer
Rauht männig Ein in stillen Freden
Von Arbeit ut; sei von dat Beben. —
Un meiht dei Dod den Auft ok af
Un führt em 'rin in 't säker Graf;
Dei Tied hett Wrausen[2]) dräwe deckt
Un ut dei Gräwer Blaumen weckt,

---

1) Wür = Worte. 2) Wrausen = Rasen.

Dei bläuhn so still in Abendsünn,
Dei Abendwind, dei flustert drin,
Dei winken heimlich Di bi Sied
Un reden von vergah'ne Tied
So truurig säut un so vull Leed
Un fragen, ob Dien Hart vergeet,
Wat Elend hier begraben is;
Un flustern sacht: „Denk an Mariek!" —

Dat lütte Dörp liggt so as süs
In Armauth üm den Mählenbiek:
Doa liggt dei Hof, doa liggt dei Mähl,
Doa stahn ümher dei lütten Kathen[1]);
Dei Sünn hett schient, dei Regen feel,
Teihnmal sünd riept[2]) dei goldnen Saaten;
En Stormwind bruus'te äwer 'e Jer
Un dehr nich Hoch un Niedrig schonen,
Hei sprak mit Gottes Dunnerwür
Un rüttelt an dei höchsten Kronen.
Un in dei Angst un in dei Noth
Kam Hoffnung dunn un Tauversicht

---

1) Kathen = Tagelöhner-Wohnungen; verächtlich für Woh-
nung überhaupt. 2) riept = gereift.

Un schient as ·helles Morgenroth
Dei Welt in 't bleike Angesicht.
Dat Morgenroth is längst verblaßt,
Kein Hoffnung schient mihr in dei Kathen;
Dei sülwig¹) Noth, dei sülwig Last! —
Sei hebb'n 't bi 'n Ollen blieben laaten. — —

En oll lütt stiewes²) Männing sitt
In'n Kahu un tüht sien Angelsimm³)
So matt un mäud an 't Ruhr herüm;
Sien Rügg'⁴) is krumm, sien Hoar is witt,
Sien Hand en afnutzt Stück Geschirr,
Wat in den Winkel schmäten⁵) würr;
Sien Angesicht en oll Gemüür,
In Noth un Tied ·un Storm verfollen,
Dat 't äwerst antauseihen wier,
Dat Festdag mal eins wier d'rin hollen;
Sien Dog dei letzte Sünnenstrahl,
Dei sich dörch Abendwolken stehlt
Un truulich noch· tum letzten Mal

---

1) sülwig = selbe. 2) stiewes = steifes. 3) Angelsimm =
   Angelschnur. 4) diese abgekürzte Form für Rüggen =
   Rücken, ist sehr gebräuchlich. 5) schmäten = geschmissen.

Uem dei verfollnen Muuren spält. —
Sien Kahn drift sacht dat Ruhr entlanken;
Hei sitt in Rauh, deip¹) in Gedanken,
Mäud kickt hei in dei stille Flauth,
Em ward so kloar un käuhl tau Mauth,
Em is, as wenn sien Lebenstied
Vörbi in liese Wellen tüht. —
Doa springt en Fisch. — Dei Ringel schlahn,
Ein achtern anner rasch tau Höcht,
Un schwack un schwacker warden s' gahn;
Je mihr sich Ring nah Ringel rögt.
Bet s' liesing sich an 't Auwer²) breken
Un von ein Auwer tau em spreken,
Wat dicht vör em in Freden liggt,
Woran sien Hart woll breken müggt. —
Dei Kahn drift sacht entlang den Soom
Bet in dei dichte Mümmelwriet³)
In'n Schatten unnern Fleereboom.
Dei Oll hett ditmal naug⁴), hei tüht
Sien Angel in un windt dei Simm

---

1) deip = tief. 2) Auwer = Ufer. 3) Wriet wird von
dem Gewebe verfilzter Wurzeln gebraucht. 4) naug =
genug.

Vörsichtig üm.den Schacht¹) herüm,
Un flöttert²) sich an 't Auwer 'ran. —
„Gun Abend!" seggt 'ne beipe Stimm,
Un vör den Ollen steiht en Mann
In breiden Haut un buntes Hemd,
In utländsch Dracht, so wild un frömb,
Brun von Gesicht, hart, mager, fast;
Deip ligg'n dei Ogen in't Gesicht
Un gahn ümher ahn Rauh un Rast,
Un üm sien knäpen³) Lippen flüggt
So'n bitterbösen, spöttschen Schien,
As künn 't nie werre mäglich sien,
Dat em up Jeren wat geföll⁴). —
„Segg," frögt hei, „kennst mi, Daniel?" —
Dei Oll süht blöd em in t' Gesicht:
„„Nee,"" seggt hei, „„nee! — Mien Dog
                              ward schlicht;
Un mien Gedanken⁵) warden schwack."" —
„Ik bün Jehann, bün Jehann Schütt." —

_____

1) Schacht = Schaft, Stange, Ruthe Hier die Angel.
   2) flöttern = flößen; auch von austrengungsloser Bewe
   gung der Ruder gebraucht. 3) knäpen = gekniffen. 4)
   geföll = gefiele. 5) Gedanken wird meistens für Gedächt-
   niß gebraucht.

„„Iehann, Iehann?"" Un fött un ritt[1])
Den Frömden 'rümme an bei Iack
Un treckt[2]) em ut den Schatten 'rut
Un nimmt em af den breiden Haut
Un munstert em von Kopp tau Faut:
„„Nee, nee! — Iehann seeg[3]) anners ut! —
Dat 's nich sien frische, apne[4]) Mien,
Dat 's nich sien kloares, blaages Dog,
Dat 's nich dei frünblich helle Schien,
Dei üm dei roden Lippen tog.
Nee!"" seggt hei un sien Hän'n, dei leeten
Den Frömden los. — Dei wendt sich af
Un spreckt vör sich: „Ok hier vergeten! —
Nicks fünn ik, as en einsam Graf!"
Un sett sich unnern Fleereboom,
Wo hei so oft' vör Ioahren seten,
Un in em waakt[5]) en ollen Droom
Von jene fierne, seel'ge Tied
Un speigelt sich up sien Gesicht.
Un as dei Droom boaräwe tüht
Un in den Oll'n sien Dogen lücht,

---

1) fött un ritt = faßt und reißt. 2) treckt = zieht. 3) seeg
= sah. 4) apen = offen. 5) waakt = wacht. u.

Dunn kennt hei· of Jehannen· werre
Un set't sich bi 'den Frömden ·nerre
Un fött sien· Hand · un kickt em an:
„„Ja,"" seggt hei, „„ja! Du büst Jehann!
Ach Gott, Jehann, hier's vähl passirt."" —
„Ja, ja! Woll. vähl! – Mariek· . . . . —
         Wo wier 't?" —
Dei Ol wies't in dat Waater 'rin:
„„Hier is dat Flach¹), wo if sei·fünn²).
Un Du, Du weitst?"" — „If weit, if weit!"
Un ruckt tau Höcht un·brückt den. Haut
Sich deipe· in't Gesicht un steiht·
Un kickt ·herinne in dei Flauth —
Lang', lang', as fünn hei goar kein En'n.
Dei Ol sitt still un folgt bei Hän'n.
Un frögt taulezt: „„Wer hett Di 't seggt?"" —
„Wer mi dat seggt? Wer mi 't vertellt?"
Un richt sich düster in dei Höcht:
„Glöwst Du, wat 'rup tum Heben schrigt³),
Dat dat blot flustert.börch dei Welt?·
Glöwst Du, oll Mann, so'n Dauhn, dat schwigt?

---

1) Flach = Fleck, Platz, Stelle. 2) fünn = fand. 3) schrigt·
  auch schriet = schreit.

Dat schallt nich blot tau Himmelshöh,
So'n Dauhn, dat schallt börch Land un See,
Dat huhlt börch Storm, dat bruus't börch Meer,
Dat kloppt des Nachts von Döhr tau Döhr
Un redt von Sün'n an bei Natur;
Wo Du ok wankst[1]), dat findt Dien Spur
Un redt tau Di mit duusend Tungen;
Sülwst Wülw[2]) un Raben hebben 't sungen!" —
„„Un sün'gn s' Di ok nich von den Murd
Un von den Fluch, den Du hest dahn?"" —
Jehann, dei wendt sien Oogen furt,
Un hastig seggt hei tau den Ollen:
„Dat brukst Du mi nich vör tau hollen!
If weit, if hew en Murd begahn,
Un dei steiht hier, hier in dei Bost,
Mit gläugnig brenn'te Schrift inschräben.
Doch fragst Du goar nich, wat mi dräben?
Un fragst Du goar nich, wat hei kost't? —
Ik hew den Pries betahlt bet up dat Blaut
Doaför, dat if mi einmal räkent[3]):

1) wanken wird sehr häufig für wandeln und wandern ge=
braucht. 2) Plur. von Wulf. 3) räkent, nicht zu ver=
wechseln mit „rekent = rechnet und gerechnet, ist das
Partic. von räken = rächen.

In wild Gewäuhl, in Weusten mi verstekend,
Hew if kein Stun'n in Freden rauht;
Wo Minschenwahnung still un glücklich liggt
Künn if den Anblick nich verbragen,
Dat müßt ahn Rauh mi börch dei Länner jagen,
Un ümme folgt sien bleik Gesicht.
Un wenn if Nachtens leeg tum Starben mäud,
Un wenn dei Droom sich tau mi schleek¹),
Un mien Mariek mi in dei Ogen keek
So vull von Leiw, so warm, so säut,
Un if vull Sehnsucht nah ehr reckt dei Armen,
Bömt sich tau Höcht sien bleik Gesicht,
Un stellt sich bläudig²) twischen ahn Erbarmen
Un reep: „Vergäws! Dat's Dien Gericht!" —
Un deckt vör Ogen sich dei Hand
Un is so bleik as Kalk an Wand,
As wenn dat werre vör em stünn;
Un börch sien Wesen flüggt en Schuu'r,
Doch fött hei sich un frett³) dat 'rin,
Un werre steiht hei steil un stuur⁴):
„Un glöwst Du, Mann, dat mi dat leed,

---

1) schleek = schlich. 2) bläudig = blutig. 3) frett = frißt.
4) stuur = hochaufgerichtet.

Dat if den Schuft sien Blaut vergöt? —
Un stünn hei werre hier, tau' Stähb;
Un wenn sien Hand hei an mi lähb¹),
Hei müßt heran, hei müßt d'ran glöben!
Dei Pries is tahlt mit mienen Leben
Un mit mien Mäten ehr boatau.
Wi sünd nu quiet²); ja mihr as quiet!
Un lett sien Späuk mi keine Rauh,
Denn trefft dat up en fastes Hart,
Dat drieft em in't Gesicht 'rin süht.
Dit Hart is gläuht³) in Sünnenbrand,
In gläugnig Füer von männig Land,
Un Noth un Arbeit hett dat schmäbt⁴),
Un in Gefoahren is 't verstahlt,
Vertwieselung hett den Seegen bedt;
Un mit mien Rauh is dat betahlt. —
Un Du frögst mi noch nah dat Wurt,
Wat if in grunglich Ängsten spraken,
As if hier güng mit Fluchen furt? —
Wat hahr if arme Jung verbraken?

---

1) lähb = legte. 2) quiet = quitt; das „qu" ist deutsch
auszusprechen. 3) gläuht = geglühet 4) schmäbt =
geschmiedet.

Wat mien: dunn[1] was, dat hahr if geben:
Mien gauden Will'n,. gesunne Knaken,
Mien truues Hart; mien junges Leben;
Un of Mariek hahr 't iehrlich dahn.
Wi Beiden geben All'ns. — Wofür? —
Dat hei künn Geld up Gelder schlahn! —
Un as if leep von Döhr tau Döhr
Un bettelt üm bei naakte Stähd,
Wo if mien Höwt[2] in Freden lähd;
Un as mien armes, junges Hart
Mit einen säuten Wunsch sich drög[3],
Dei sülwst den schwarten Slawen warb:
Dat if tum Wiew mien Mäten kreeg,
Dunn würr if an bei Näs' 'rüm lerrt[4] —
Kein Platz in mienen Vahrelan'n! —
Mien Diern, dei kam in Schimp un Schan'n,
Un up uns' Hart würr 'rümme perrt[5],
As wier 't en Stein. — Dat was Gesetz! —
Ja! As dat Elend mi tauletzt

---

1) dunn, hier = damals. Außerdem hat es noch die Be-
deutung von da, dann, darauf. 2) Höwt = Haupt.
3) drög = trug. 4) lerren = leiten, führen. 5) perrt
= getreten

Tau wilden Murd un Dodschlag dräben,
Dunn hew ik flucht. — Dei Flüch steiht schräben
Bi all dei, dei in Höllennoth .
Sich ut dat Minschenhart mal rungen,
Wotau dei Minsch den Minschen bwungen.
Gott hett em hürt. — Up sieu Gebot
Teihn Duusend nah Amerika,
Un duusend Anner folgen nah;
Nu is 'e Ruum, nu 's Platz in'n Lan'n!
Dei Herren, dei hollen 't nich för Schan'n,
Tau bibben dei, dei s' eins verschmahdten [1]).
Is dat nich Fluch? — Sei will'n sich Lühd.
Ut arme Gegend kamen laaten. —
Vermisquemt [2]) Volk, wat 'rinne tüht,
Hett dat en Hart för 't Vahreland?
Rögt dat för Fürst un Volk dei Hand,
Wenn los mal breckt dei wilde Storm,
Wenn mal dei Kriegsflauth breckt den Damm,
Un wenn dat störmt von Thorm tau Thorm? —
Is dat nich Fluch? — Dei olle Stamm;
Dei hier Joahrduusend wahnt, dei sall

---

1) verschmaden = verschmähen. 2) vermisquemt = verkom=
men, schwächlich geworden

Vör Schnurrers[1]) un vör Frömden wiefen?
Un denn worüm? Worüm dit All? —
Blot dat noch riefer ward'n bei Rieken,
Un dat dei Herru von Kohl un Räuben[2])
Ok äwer Minschen Herrschaft äuben! —
Is dat nich Fluch? — If was en Duhr,
Dat if in Haft den Fluch utspraken;
Dei Fluch möt kamen von Natur.
För dei, dei so'n Gesetze maaken!"
Un lacht hell up. — Oll Daniel fickt
Em recht weihmäudig[3]) an un frögt:
„„Na, is Di 't doa denn beter glückt,
Un famst Du doa mit Hüsung t'recht[4])?""
„Wat? — Hüsung? — If? — Doa bruuft
                                      if kein;
Mien Leben freeg 'ne an're Wiesung.
If güng allein un bleew allein;
Ahn Wief un Kind bruuf if kein Hüsung."—
„„Un büst Du doabi glücklich worrn?"" —
„If bruuf kein Hüsung un kein Glück,
Taumal kein Glück nah Jugen Schick,

---

1) Schnurrer = Bettler.   2) Räuben = Rüben,   3) weih=
mäudig = wehmüthig   4) t'recht = zurecht

Hüt bün if hier, doa bün if morrn;
If gah tau See, if gah tau Land,
Nehm Rauder¹) ore Aert tau Hand,
Un ward mi rat doabi tau still,
Un wenn 't tau eng mi warden will, .
Denn schmiet dei Büß²) if äwr'e Schulle
Un säuk³) in Jagd un Krieg Gefoahr,
Doa ward mi werre licht. un kloar,
Doa flütt dat Blaut mi lust'ge, vulle,
Doa ward dat Hart mi werre fast." '—
„„Un wecke wilde Warbelwind
Weiht Di hierher, unruhig Gast?"" —
„Wat if hier will? · If will mien Kind." —
Oll Daniel kickt em in 't Gesicht,
Sien mäude, blöde Blick, dei süggt⁴)
Sich fast an em, as wull hei fragen:
Is 't würklich dat? Is 't Leiw allein,
Ehr Graf, Dien einzigst Kind tau seihn,
Wat Di nah uns hett werre tagen⁵)?
Hett Di so heit doanah verlangt?
Hest nich vör Rad un Galgen bangt?

1) Rauder = Ruder. 2) Büß = Büchse. 3) säuk = suche.
4) süggt = saugt. 5) tagen = gezogen.

Un as hei hett dei Antwurt lefeu,

Seggt hei vör sich: „„So möt 't woll wesen.

Ob Dag un Joahr vöräwertüht',

Kein Schuld, kein Unglück lett vergeten,

Wat mal ut 't bindelst[1]) Hart is reten;

Dat lett 'ne Noar[2]) för alle Tied.

Unglück un Schuld ritt ut dat Leben,

Wat mal in uns is leiflich worrn,

Un wenn wi nahseihn, wat uns bleben[3]),

Denn fin'n wi blot den naakten Born;

Dei Born heit Leiw, wi dauhn em plegen,

Wi laaten Thranen up em regen[4]),

Uns' heitste Wunsch gläuht up em nerre:

Vergäws! Dat Frühjoahr is vörbi,

Un Blaumen wassen uns nich werre!

So is 't mit em, if weit 't an mi.

Nu drift em dat, nu drängt em dat

Taurügg in 't olle Vahreland,

Dat hei in 't naakte Feld wat plant[5]). —

Hew 't nich ok mal so'n Drängen hatt,

---

1) bindelst ift der Superlativ von binnen = innen; also in=
nerfte. 2) Noar = Narbe. 3) bleben = geblieben.
4) regen = reguen 5) plant = pflanze.

Wenn,'k em in 't kloare Dog hew seihn?
Müßt 'k em nich an mi 'ranne teihn?
Un 't was jo doch nich mal mien eigen!
Em drift Natur, em drift dei Leiw,
Dei dörben beid em nich bedreigen[1]),
Sien Kind is sien! — Ja!"", seggt hei luut,
""Dien Kind is Dien! Mien Sähn, hier teuw!
Jehann, ik hahl Dien Kind Di 'rut.""

Dei steiht nu doa. Wo ritt em dat
Dörch Seel un Sinn mit ängstlich Bangen!
Dat faste Hart ward schwack un matt
Vör Seeligkeit un vör Verlangen.
Sien Kind! Sien Kind! — Mariek ehr Kind!
Em schient 't 'ne Ewigkeit tau buuren,
Dat hei in 't Kind dat werre findt,
Wat in dei Mutte hei verluren.
Un as oll Daniel 'ranne kümmt
Un tau em bringt den driesten Jungen,
Dunn woahrt[2]) dat lang', bet hei em nimmt,
Bet sich sien Arm hett üm em schlungen;
Hei hölt em von sich, starrt em an:

---

1) bedreigen = betrügen.   1) woahrt = währt.

„Wo heitst Du, Jung?" — „„Jk heit Je=
hann.""" —

Hei lef't in fienen Angesicht,

Hei frögt dat Dog, hei frögt bei Mien,

Bet 't hell üt ehr herute lücht:

Ja 't is fien Kind, bei Jung is fien!

Wo füht dat Kind fien Mutte glief!

Ja 't is Mariek, fien leiw Mariek! —

Un ritt den Jungen hell[1]) tau Höcht

Un drückt em an bei breide Schulle

Un fet't den Haut fich fast un föcht

Nah fienen Stock herüm, as wull 'e

Sien Eigendauhm in 't Säfer[2]) bringen,

As hahr hei All nu, wat hei wull,

As wenn kein Macht up Jerden full

Den Schatz em ut bei Fingern wringen. —

Oll Daniel rögt em an un feggt:

„„„Mien Sähn, Jehann, dauh 't of woll recht?

---

1) hell wird im Plattdeutschen als Verstärfung bei jeder nach
oben gerichteten Bewegung gebraucht z. B. „hell dräwe
weg; hell lacht hei up, hell fprüng hei up, hell be=
gährte (gährte) hei up" d. h. im Zorn. Es fcheint mir
diefe Bezeichnung dem Bilde des Feuers entlehnt zu fein.
2) in't Säfer = in Sicherheit.

Kümmt of dat Kind in wilde Gähr.[1])?"" —
"Laat man Dien Angst, if forg doaför!
Glöwst Du, oll Mann, dat if mien Kind
Würr unne ruug[2]) Gefellschaft stöten? —
Dei Sorg, dei schlag Di in den Wind,
Noch hew if fülwst nich mang ehr feeten.
Mien Hand is rein von unrecht Gaut,
Un bet up jenen Placken[3]) Blaut
Hew 'f mit Verbreken nicks gemein,
Mariek hett up mi 'runne feihn. —
Hier äwerst fall mien Kind nich blieben,
Dat fall hier nich in Schan'n verkamen,
Ahn Vahrehuus sich 'rümme drieben,
Hier 'rümme gahn ahn Vahrersnamen,
In Schimp fien Mutte näumen[4]) hüren
Un mi as Müre schellen liehren.
Dat fall nich mal eins hüt un morrn
Haut in dei Hand vör Herren stahn,
Un wenn 't en richt'gen Kierl is worrn,

1) Gähr = Gährung. — Wilde Gähr wird von jedem aufge-
regten, ungeregelten Zuftande gebraucht. 2) ruug =
rauh und roh; hier das Letztere. 3) Placken = Flecken.
4) näumen = nennen.

Nich bauhu, wat eins fien Bahre dahu.
Hei fall nich! — Sall nich! — Ik bün Bahre;
Mien Blaut flütt. ok in fiene Ahre[1])." —
Oll Daniel schürrt den Kopp un sprect:
„„Wat fähd oll Vatte Brand. in'n Starben?
Hollt ut! Hollt ut! — Du höllst nich ut.
Du störtst Di 'rinne in 't Verdarben,
Büst äwer Land un Waater treckt,
Un wat Du hier mal richtst tau Grun'n,
Dat hest Du nahrends[2]) werre fun'n.
Dat Einzigst, wat Di bindt an 't Leben,
Dien Kind — hett 't nich Dien Vahreland
Mit truue Leiw Di werre geben?
Du hest verflucht dei warme Hand;
Schadt nich, mien Sähn! Dei Leiw, dei ward
Trotz Dienen Fluch bi uns doch bliewen;
Dei von uns gahn, drift nich ehr Hart,
Dei deiht ehr Unverstand blot driewen;
Ehr Unfred un ehr Äwermauth,
Ehr gierig Sinn nah Geld un Gaut.
Un wenn fei gahu fünd, stahn f' allein,

---

1) Ahre = Ader.   2) nahrends = nirgends.

In ehre Hand staats Brod en Stein,
Verdruß un Gram in 't kranke Hart,
Kein Hoffnung, dat 't mal beter ward.
Doa nich tau Huus — hier nich taurügg!
Vertehren s' un vergrämen s' sich;
Kein Nahwershülp[1]) kann sei doa rerrn.'"' —
„Ja", seggt Jehann, „so seggn Jug Herrn;
So seggn all Dei, dei jedenfalls
In 't Fett 'rin sitten bet tum Hals,
Dei in ehr vörnehm Wesen meinen,
Dat unse Herrgott Arm un Beinen
Von anner Lühd för sei hett schapen[2]),
Dat s' noch mihr Fett tausamen schrapen[3]),
Dei glöben, dat dei Metz[4]) un Gabel
För ehren Mund fünd wet't[5]) allein,
Dei äwer ehren gählen Schnabel
Menbag nich hebben 'räwe seihn. —
Un doch is 't woahr. Sei hebben Recht
Up ehre Oart; 't is, as Du seggst: —
Ik seeg sei dräben stahn tausamen,

---

1) Nahwershülp = Nachbarshülfe. 2) schapen = geschaffen.
3) schrapen = schaben, kratzen, raffen. 4) Metz = Mes-
fer. 5) wet't = gewetzt.

Dei Armen hungrig, bleik von Feewer¹)
Wo s' weesen. äwer.'t Waater 'räwer
Hen nah den Urt, von wo sei kamen;
Wo haft'ger ehre Harten schlogen,
Wenn s' von dei sterne Heimath redten
Un för dei ollen Öllern behöten;
Wo Thranen bröken²) ut dei Oogen,
Wenn s' an dei ollen Tieden dachten,
Wenn s' sich up't harte Lager schmeeten;
Den Bast sich ut dei Fingern reeten;
If hew sei elend seihn verschmachten,
Ehr letzt Gedank, dei was an Jug,
An ehr lütt Dörp, an Ehres Glieken.
Dei Fluch dröpt³) nich allein dei Rieken,
Nee! Ok dei Armen dröpt dei Fluch!" —
„„Un is dat Glück? — Is dat woll wierth
Dat Ein sien Vahreland verliert?""
Frögt Daniel. — Jehann, dei leggt
Dei Hand em up den Arm un seggt:
„So redtst Du nu. Hahrst Du so spraken⁴);
As bunn Dien Herr dat Hart Di braken? —

---

1) Feewer = Fieber. 2) bröken = brachen. 3) dröpt =
trifft 4) spraken = gesprochen.

So wiet hebb'n Juge Herren recht,
Un Männigein, bei güng tau Grun'n,
Hei was en Knecht un blew en Knecht. —
Doch, olle Mann, ok seeg mien Oog,
Wo s' starken Mauths dörch 't Waater tögen
Un rüggwarts up bei Heimath seegen
Un böhrten ehre Kinne hoch
Un weesen nah den fiernen Strand:
Seiht! Seiht! Dat was uns' Vahreland!
För Di, mien Sähn, för Di, lütt Diern,
Gah ik un Mutte in bei Fiern,
Wie laaten All'ns, wat leiw uns wier,
Frie fält Ji fteu up friee Jer! —
Ik hew fei feihn mit Rieseneiken
In starke Kraft gewaltig ringen,
Dat wille Land tau Saatfeld dwingen,
Dei fliet'gen Hän'n enanner reifen,
Hüfung tau buun, wo 't ehr geföll,
Up ehren Born, up friee Stell.
Ik feeg f', wo f' stünnen up ehr Land,
Wo f' dräwe recften ehre Hand,
Wo f' spröfen frie un stolz un starf:
Dit 's unf'! — Unf' eigen Hännenwarf,

Dei Arbeit is unf' Mark un Teiken[1]).
Hier fünd wi Herr; dit is unf' eigen! —
Ik seeg den Oll'n up 't Lager rauhn,
Up 't letzt; üm em herüm sien Kinne,
Ehr frame Segen för sien Dauhn
Folgt em in anner Welt herinne;
Hei richt sich kräftig in bei Höcht
Un kickt mit hellen Oog in 't Licht:
Herr, seggt hei, dei hier vör Di liggt,
Den'n settst Du up bei Welt as Knecht,
Ik maakt ut em en frieen Mann;
Geihst mit mien Sünnen in 't Gericht,
Denn reken[2]) dat mi gnädig an!
Un Du, oll Mann, treck ok mit mi,
Lewst ok as Slaw, so starw[3]) doch frie!"
Un beiht bei Hand ben Ollen reiken. —
„„Ja woll, mien Sähn, ik wander ut,""
Seggt bei, „„un will mi Hüsung säuken;
Dien äwerst liggt mi doch tau siern.""
Un kickt herup tum Abendstiern,
„„Mien liggt hier dicht in miene Näh,

---

1) Teiken = Zeichen. 2) reken = rechne.—3) starw = stirb.

Ik bruuk nich äwer Land un See."'" —
Jehann, dei bögt dät Kind 'em bal
Tum letzten Kuß: „Nä; denn noch mal:
Lew woll! Uns' Weg', dei scheiden sich.
Ik kiek nah vör[1]), Du kickst taurügg,
Du geihst tau Rauh in still Geduld,
Ik gah tau Arbeit in mien Schuld,
Dien Hoffnung rauht in Gottes Rath,
Mien in dei Taukunft, in dei Dath;
Du geihst ahn Dank in 't stille Graf,
Uem Di brögt[2]) Kein sich Thranen af,
An mien sall beef' hier mal eins stahn,
Un segen[3]), wat ik för em dahu." —
„„Ja,"'" seggt dei Dll un folgt dei Hän'n,
„„Un sallt so sien, denn mag 't so sien!"'" —
Jehann böhrt hoch sien Kind in En'n[4]):
„Un is dei bläudig Dath ok mien,
Un brennt sei heit mi up dat Hart
Un lett s' mi nahrends ok kein Rauh;
Ik weit doch, dauh 'k dei Dogen tau,

---

1) nah vör = nach vorne, vorwärts. 2) brögt' = trocknet.
3) segen = segnen. 4) in En'n = in die Höhe.

Dat s' för mien Kind tum Segen ward.
Dei Dath is mien! Dei Segen Dien!
Frie sallst Du sien! Frie sallst Du sien!" —
Drückt fast den Ollen sien Hand un geiht. — —

Dat stille Abendroth vergläuht,
Von'n Heben sackt dei Sommernacht
Un weigt in Rauh un Freden sacht
Dei mäude Welt un flustert lind
In Blaumendüft un Abendwind
Dörch Busch un Boom un Wisch un Feld
Von Wunner ut 'ne anner Welt.
Dat Hart, dat hürt in Seeligkeit
Den säuten Klang vull Freud' un Leid
Un weit nich, is 't sien eigen Schlagen,
Sien eigen Lust, sien eigen Klagen,
Is 't anner Wurt ut annern Mund,
Ward em en anner Leben kund. — —

Un as dei Oll in stille Truu'r
So sitt, dunn klingt dat ut dat Ruhr,
Dunu singt dat ut den Fleereboom
Un ut dat Schülp an'n Waatersoom
Mit säute Stimm: „Lew woll, lew woll!"

Un ümmer liefer, liefer klingt 't:
„Lew woll, lew woll! Ik scheid, ik scheid!"
Un ümmer fäute, fäute fingt 't:
„Lew woll! Ik scheid in Freud un Leid
Mi nich von em un von mien Kind!"
Un flufternd bringt bei Abendwind
Den letzten Gruß: „Lew woll, lew woll!"

CPSIA information can be obtained
at www.ICGtesting.com
Printed in the USA
BVHW041205300119

539043BV00033B/1620/P